Buscando La Paz Interior

Primera Parte
El Camino A Cristo
por E. G. White

Segunda Parte
El Camino Cristiano
por L. Munilla y C. E. Wheeling

IBE INC. • BOX 352 • JEMISON, AL 35085

Buscando La Paz Interior,
Primera Parte, se ha publicado en otras
ediciones con el título,
El Camino A Cristo.

Crédito por la portada:
K. Vreeland / H. Armstrong Roberts

Derechos reservados
© 1989 by Inspiration Books East, Inc.

ISBN: 0-916547-13-2
Printed in U.S.A.

Índice
PRIMERA PARTE

El Camino A Cristo

Índice
SEGUNDA PARTE

El Camino Cristiano

El Camino A Cristo

"Jesús le dijo: Yo soy el camino, y la verdad, y la vida; nadie viene al Padre, sino por medio de mí."   Juan 14:6

CAPÍTULO 1

La Fuente
De Paz

LA NATURALEZA y la revelación a una dan testimonio del amor de Dios. Nuestro Padre celestial es la fuente de vida, sabiduría y gozo. Mira las maravillas y bellezas de la naturaleza. Medita en su prodigiosa adaptación a las necesidades y a la felicidad, no solamente del hombre, sino de todas las criaturas vivientes. El sol y la lluvia que alegran y refrescan la tierra; los montes, los mares y los valles, todo nos habla del amor del Creador. Dios es el que suple las necesidades de todas Sus criaturas diariamente. Ya el salmista lo dijo en estas bellas palabras:

"Los ojos de todos esperan en Ti,
Y Tú les das su comida a su tiempo.
Abres Tu mano,
Y colmas de bendición a todo ser viviente."

Salmos 145:15, 16*

Dios hizo al hombre perfectamente santo y feliz; y al salir de la mano del Creador, la hermosa tierra no tenía ni una mancha de decadencia, ni una sombra de maldición. Fue la transgresión de la ley de Dios, la ley de amor, lo que trajo consigo dolor y muerte. Sin embargo, aún en medio del

---

* En esta edición, los pasajes bíblicos se transcriben por regla general de la Antigua Versión Reina Valera, Revisión de 1977, pero donde, por motivos de mayor claridad, se considere conveniente usar otra versión, el hecho se indicará en la referencia.

sufrimiento producido por el pecado se manifiesta el amor de Dios. La Biblia nos dice que Dios maldijo la tierra por causa del hombre. Génesis 3:17. Los cardos y espinas, las dificultades y pruebas que hacen su vida de afán y cuidado, le fueron asignados para su bien, como parte de la preparación necesaria, según el plan de Dios, para levantarlo de la ruina y degradación que el pecado había causado. El mundo, aunque caído, no es todo sufrimiento y miseria. En la naturaleza misma hay mensajes de esperanza y consuelo. Hay flores en los cardos, y las espinas están cubiertas de rosas.

"Dios es amor" está escrito en cada capullo de flor que se abre, en cada tallo de la naciente hierba. Los hermosos pájaros que con sus alegres cantos llenan el aire de melodías, las flores exquisitamente matizadas que en su perfección perfuman el aire, los árboles del bosque con su rico follaje de viviente verdor, todos atestiguan el tierno y paternal cuidado de nuestro Padre celestial y Su deseo de hacer felices a Sus hijos.

La Palabra de Dios revela Su carácter. Él mismo ha manifestado Su amor infinito y piedad. Cuando Moisés dijo: "Te ruego que me muestres Tu gloria," Jehová respondió: "Yo haré pasar todo Mi bien delante de tu rostro, y proclamaré el nombre de Jehová delante de ti." Éxodo 33:18, 19. Esta es Su gloria. El Señor pasó delante de Moisés y clamó: "¡Jehová! ¡Jehová! fuerte, misericordioso y piadoso; tardo para la ira, y grande en misericordia y verdad; que guarda misericordia a millares, que perdona la iniquidad, la rebelión y el pecado." Éxodo 34:6, 7. Él es "tardo en" enojarse "y de gran misericordia," "porque se deleita en la misericordia." Jonás 4:2; Miqueas 7:18.

Dios unió consigo nuestros corazones, con innumerables pruebas de amor en los cielos y en la tierra. Procuró revelársenos valiéndose de las cosas de la naturaleza y de los más profundos y tiernos lazos que el corazón humano pueda conocer. Sin embargo, estas cosas sólo representan imperfectamente Su amor. Aunque han sido dadas todas estas pruebas evidentes, el enemigo del bien cegó el entendimiento de los hombres, para que mirasen a Dios con temor y le considerasen severo e implacable. Satanás indujo a los hombres a concebir a Dios como un ser cuyo principal atributo es una justicia inexorable, como un juez severo, un acreedor estricto y exigente. Representó al Creador como un ser que vela celosamente para discernir los errores y las faltas de los hombres a fin de ejecutar juicios sobre ellos. Por esto, Jesús vino a vivir entre los hombres para hacer desaparecer esta obscuridad y manifestar el amor infinito de Dios.

El Hijo de Dios descendió de los cielos para revelar al Padre. "A Dios nadie le ha visto jamás; el unigénito Hijo, que está en el seno del Padre, Él le ha dado a conocer." Juan 1:18. "Y ninguno conoce perfectamente al Padre, sino el Hijo, y aquel a quien el Hijo resuelva revelarlo." Mateo 11:27. Cuando uno de los discípulos le dijo: "Muéstranos el Padre," Jesús respondió: "¿Tanto tiempo hace que estoy con vosotros, y no Me has conocido, Felipe? El que me ha visto a Mí, ha visto al Padre; ¿cómo, pues, dices tú: Muéstranos el Padre?" Juan 14:8, 9.

Relatando Su misión terrenal, Jesús dijo: Jehová "Me ungió para predicar el evangelio a los pobres. Me ha enviado a sanar a los quebrantados de corazón; a proclamar liberación a los cautivos, y recuperación de la vista a los ciegos; a poner en libertad a los oprimidos." Lucas 4:18. Esta era Su obra. Anduvo haciendo el bien y sanando a todos los oprimidos de Satanás.

Había aldeas enteras donde no se oía un gemido de dolor en casa alguna, porque Él había pasado por ellas y sanado a todos sus enfermos. Su obra demostraba Su unción divina. En cada acto de Su vida revelaba amor, misericordia y compasión. Su corazón rebosaba de tierna simpatía por los hijos de los hombres. Se revistió de la naturaleza del hombre para poder simpatizar con sus necesidades. Los más pobres y humildes no tenían temor de acercársele. Aún los niñitos se sentían atraídos hacia Él. Les gustaba subir a Sus rodillas y contemplar Su rostro pensativo que irradiaba benignidad y amor.

Jesús no suprimió una palabra de verdad, pero siempre la expresó con amor. Hablaba con el mayor tacto, cuidado y misericordiosa atención. Nunca fue áspero ni pronunció innecesariamente una palabra severa, ni ocasionó a un alma sensible una pena innecesaria. No condenaba la debilidad humana. Decía la verdad, pero siempre con amor. Denunciaba la hipocresía, la incredulidad y la iniquidad; pero las lágrimas velaban Su voz cuando profería Sus fuertes reprensiones. Lloró por Jerusalén, la ciudad amada, que rehusó recibirle a Él, que era el Camino, la Verdad y la Vida. Sus habitantes habían rechazado al Salvador, pero Él los consideraba con mucha ternura. Su vida fue una vida de abnegación y solicitud por los demás. Toda alma era preciosa a Sus ojos. A la vez que se condujo siempre con dignidad divina, se inclinaba con la más tierna consideración sobre cada uno de los miembros de la familia de Dios. En todos los hombres veía almas caídas a quienes era Su misión salvar.

Tal es el carácter de Cristo según fue revelado en Su vida. Este es el carácter de Dios. Del corazón del Padre brotan para todos los hijos de los hombres los ríos de la compasión divina demostrada por Cristo. Jesús, el tierno y piadoso Salvador, era Dios "manifestado en carne." 1 Timoteo 3:16.

Jesús vivió, sufrió y murió para redimirnos. Él se hizo "Varón de Dolores" para que nosotros fuésemos hechos participantes del gozo eterno. Dios permitió que Su Hijo, el amado, lleno de gracia y verdad, viniese de un mundo de indescriptible gloria a esta tierra corrompida y manchada por el pecado, obscurecida por las tinieblas de muerte y maldición. Permitió que dejase el seno de Su amor, la adoración de los ángeles, para sufrir vergüenza, insultos, humillación, odio y muerte. "El castigo de nuestra paz fue sobre Él, y por Sus llagas fuimos nosotros curados." Isaías 53:5. ¡Mírenlo en el desierto, en el Getsemaní, sobre la cruz! El Hijo inmaculado de Dios tomó sobre Sí la carga del pecado. Él, que había sido uno con Dios sintió en Su alma la separación horrible que el pecado crea entre Dios y el hombre. Esto arrancó de Sus labios el angustioso clamor: "Dios mío, Dios mío, ¿por qué me has desamparado?" Mateo 27:46. Fue la carga del pecado, el reconocimiento de su terrible enormidad y de la separación que causa entre el alma y Dios, lo que quebrantó el corazón del Hijo de Dios.

Pero este gran sacrificio no ocurrió para crear amor en el corazón de Dios Padre hacia nosotros, ni para que estuviese dispuesto a salvarnos. ¡No! ¡No! "Porque de tal manera amó Dios al mundo, que ha dado a Su Hijo unigénito." Juan 3:16. Si el Padre nos ama no es a causa de la gran propiciación, sino que Él dio la propiciación porque nos ama. Cristo fue el medio por el cual el Padre pudo derramar Su amor infinito sobre un mundo caído. "Dios estaba en Cristo reconciliando consigo al mundo." 2 Corintios 5:19. Dios sufrió con Su Hijo. En la agonía del Getsemaní, en la muerte del Calvario, el corazón de Amor infinito pagó el precio de nuestra redención.

Jesús dijo: "Por eso Me ama el Padre, porque Yo pongo Mi vida, para volverla a tomar." Juan 10:17. Es decir: "De tal manera te ama Mi Padre, que Me ama tanto más a Mí, porque di Mi vida para redimirte. Porque Me hice tu Sustituto y Fianza, y porque entregué Mi vida y asumí tus responsabilidades y transgresiones, me He encariñado a Mi Padre; mediante Mi sacrificio, Dios puede ser justo, y sin embargo Él que justifica a aquél que cree en Jesús."

Nadie, pues, sino el Hijo de Dios podía efectuar nuestra redención; porque sólo Él, que estaba en el seno del Padre, podía darlo a conocer. Únicamente Él, que conocía la altura y profundidad del amor de Dios, podía manifestarlo. Nada que fuese inferior al sacrificio infinito hecho por Cristo en favor del hombre podía expresar el amor del Padre hacia la humanidad perdida.

"Porque de tal manera amó Dios al mundo, que dio a Su Hijo unigénito." Lo dio, no sólo para que viviese entre los hombres, para que llevase los pecados de ellos y muriese el sacrificio de ellos. Lo dio a la raza caída. Cristo debía identificarse con los intereses y las necesidades de la humanidad. Él, que era uno con Dios se unió con los hijos de los hombres mediante lazos que jamás serán quebrantados. Jesús "no se avergüenza de llamarlos hermanos." Hebreos 2:11. Él es nuestro Sacrificio, nuestro Abogado, nuestro Hermano, llevando nuestra forma humana delante del trono del Padre, y por las edades eternas uno con la raza a la cual redimió — el Hijo del hombre. Y todo esto para que el hombre fuese levantado de la ruina y degradación del pecado, para que reflejase el amor de Dios y compartiese el gozo de la santidad.

El precio de nuestra redención, el sacrificio infinito de nuestro Padre Celestial al entregar a Su Hijo para que muriese por nosotros, debe darnos un concepto elevadísimo de lo que podemos llegar a ser por intermedio de Cristo. Cuando el apóstol Juan consideró la "altura," la "profundidad" y la "anchura" del amor del Padre hacia la raza que perecía, se llenó de alabanzas y adoración, y sin encontrar lenguaje adecuado con qué expresar la grandeza y ternura de ese amor, exhorta al mundo a contemplarlo. "Mirad qué amor tan sublime nos ha dado el Padre, para que seamos llamados hijos de Dios." 1 Juan 3:1. ¡Qué valioso hace esto al hombre! Por la transgresión, los hijos de los hombres son hechos siervos de Satanás. Por la fe en el sacrificio expiatorio de Cristo, los hijos de Adán pueden llegar a ser hijos de Dios. Al asumir la naturaleza humana, Cristo eleva a la humanidad. Al unirse con Cristo, los hombres caídos son colocados donde pueden llegar a ser, en verdad, dignos del título de "hijos de Dios."

Tal amor es incomparable. ¡Qué podamos ser hijos del Rey celestial! ¡Qué promesa tan preciosa! ¡Tema digno de la más profunda meditación! ¡El gran amor de Dios para la humanidad, que no le amaba! Este pensamiento ejerce un poder subyugador que somete el entendimiento a la voluntad de Dios. Cuanto más estudiemos el carácter divino a la luz de la cruz, mejor veremos la misericordia, la ternura y el perdón, unidos a la equidad y la justicia, y más claramente discerniremos las pruebas innumerables de un amor infinito y de una tierna piedad que sobrepasa la ardiente simpatía y los anhelosos sentimientos de la madre para con su hijo extraviado.

CAPÍTULO 2

Tu Necesidad De Paz

ORIGINALMENTE, el hombre estaba dotado de facultades nobles y de un entendimiento bien equilibrado. Era perfecto y estaba en armonía con Dios. Sus pensamientos eran puros, sus objetivos santos. Pero por medio de la desobediencia, sus facultades se pervirtieron y el egoísmo tomo el lugar del amor. Su naturaleza quedó tan debilitada por la transgresión que no pudo, por su propia fuerza, resistir el poder del mal. Fue hecho cautivo por Satanás, y hubiera permanecido para siempre en ese estado si Dios no hubiese intervenido de una manera especial. El tentador quería entorpecer el plan divino que Dios tenía cuando creó al hombre. De ese modo llenaría la tierra de sufrimiento y desolación y luego señalaría todo ese mal como resultado de la obra de Dios al crear al hombre.

En su estado de inocencia, el hombre gozaba de completa comunión con Aquél "en quien están escondidos todos los tesoros de la sabiduría y del conocimiento." Colosenses 2:3. Pero después de su caída, no pudo encontrar gozo en la santidad y procuró ocultarse de la presencia de Dios. Tal es aún la condición del corazón que no ha sido regenerado. No está en armonía con Dios ni encuentra gozo en la comunión con Él. El pecador no puede ser feliz en la presencia de Dios; le desagrada la compañía de los seres santos. Y si se le pudiese admitir en el cielo, no hallaría felicidad allí. El espíritu de amor desinteresado que reina en el cielo, donde todo corazón corresponde al corazón del Amor infinito, no haría vibrar en su alma ninguna cuerda de simpatía. Sus

15

pensamientos, sus intereses y motivos serían distintos de los que mueven a los moradores celestiales. Sería una nota discordante en la melodía del cielo. Este sería para él un lugar de tortura. Ansiaría esconderse de la presencia de Aquél que es su luz y el centro de su gozo. No es un decreto arbitrario de parte de Dios el que excluye del cielo a los impíos. Ellos mismos se han cerrado las puertas por su propia ineptitud para el compañerismo que allí reina. La gloria de Dios sería para ellos un fuego consumidor. Desearían ser destruidos a fin de esconderse del rostro de Aquél que murió para redimirlos.

Es imposible que escapemos por nosotros mismos del hoyo de pecado en el que estamos enterrados. Nuestro corazón es malo, y no lo podemos cambiar. "¿Quién hará limpio a lo inmundo? Nadie." Job 14:4. "Por cuanto la mentalidad de la carne es enemistad contra Dios; porque no se somete a la ley de Dios, ya que ni siquiera puede." Romanos 8:7. La educación, la cultura, el ejercicio de la voluntad, el esfuerzo humano, todos tienen su propia esfera, pero no tienen poder para salvarnos. Pueden producir una corrección externa de la conducta, pero el corazón no lo pueden cambiar; no pueden purificar las fuentes de la vida. Tiene que haber un poder que obre desde el interior, una vida nueva de lo alto, antes que el hombre pueda cambiarse del pecado a la santidad. Ese poder es Cristo. Solamente Su gracia divina puede vivificar las facultades muertas del alma y atraer ésta a Dios, a la santidad.

El Salvador dijo: "El que no nace de nuevo," a menos que reciba un corazón nuevo, nuevos deseos, designios y motivos que lo lleven a una nueva vida, "no puede ver el reino de Dios." Juan 3:3. La noción de que lo único necesario es que se desarrolle lo bueno que existe en el hombre por naturaleza, es un engaño terrible. "Pero el hombre natural no capta las cosas que son del Espíritu de Dios, porque para él son locura, y no las puede conocer, porque se han de discernir espiritualmente." 1 Corintios 2:14. "No te asombres de que te dije: Os es necesario nacer de nuevo." Juan 3:7. De Cristo está escrito: "En Él estaba la vida, y la vida era la luz de los hombres."

Juan 1:4. Y, el único "nombre bajo el cielo, dado a los hombres, en que podamos ser salvos." Hechos 4:12.

No basta comprender el amor y la bondad de Dios ni percibir la benevolencia y ternura paternal de Su carácter. No basta discernir la sabiduría y justicia de Su ley, y ver que está fundada eternamente sobre el principio del amor. El apóstol Pablo vio todo esto cuando exclamó: "Estoy de acuerdo con la ley, de que es buena," "La ley a la verdad es santa, y el mandamiento santo, justo y bueno;" más, en la amargura de su alma agonizante y desesperada, añadió: "Soy carnal, vendido al poder del pecado." Romanos 7:16, 12, 14. Deseaba la pureza, la justicia que no podía alcanzar por sí mismo, y dijo: "¡Miserable hombre de mí!; ¿quién me libertará de este cuerpo de muerte?" Romanos 7:24. En todas partes y en todo tiempo, de corazones abrumados por el sentimiento de culpa sube la misma exclamación. Para todos hay una sola contestación: "He ahí el Cordero de Dios, que quita el pecado del mundo." Juan 1:29.

Son muchas las figuras por las cuales el Espíritu de Dios ha procurado ilustrar esta verdad y hacerla clara a los seres que desean verse libres de la carga de culpabilidad. Cuando Jacob huyó de la casa de su padre, habiendo pecado y a la vez engañado a Esaú, se sintió agobiado por el peso de su culpa. Se sentía solo, abandonado y separado de todo lo que le hacía preciosa la vida. El pensamiento que sobre todos otros oprimía su alma era el temor de que su pecado lo había apartado de Dios, que había sido desechado del Cielo. Lleno de tristeza, se recostó para descansar sobre la tierra desnuda. Le rodeaban las solitarias montañas y la bóveda celeste lo cubría con su manto de estrellas. Habiéndose dormido, una luz extraña embargó su visión; y he aquí que de la llanura donde estaba acostado, una escalera amplia y anublada aparentaba conducir a lo alto, hasta las mismas puertas celestiales, y los ángeles de Dios subían y bajaban por ella, mientras que desde la gloria de las alturas se oía que la voz divina pronunciaba un mensaje de consuelo y esperanza. Así fue revelado a Jacob lo que satisfacía la necesidad o ansia de su alma: un Salvador. Lleno de gozo y gratitud vio que se le mostraba un camino por el cual él, aunque pecador, podía tener comunión con Dios nuevamente. La escalera mística de su sueño representaba al Señor Jesús, el único medio de comunicación entre Dios y el hombre.

A esta misma figura le refirió Cristo a Natanael cuando dijo: "De aquí en adelante veréis el cielo abierto, y a los ángeles de Dios que suben y descienden sobre el Hijo del Hombre." Juan 1:51. Al pecar, el hombre se apartó de Dios, y la tierra quedó separada del cielo. A través del abismo existente entre ambos no podía haber comunicación alguna. Pero mediante Cristo, el mundo fue unido al cielo nuevamente. Con sus propios méritos, Cristo creó un puente sobre el abismo que el pecado había abierto, de tal manera que los ángeles ministradores pueden tener ahora comunión con los hombres. Cristo une al hombre pecador, débil y desamparado con la Fuente del poder infinito.

Pero en vano son los sueños de progreso de los hombres, vanos todos sus esfuerzos por elevar a la humanidad, si tratan con descuido la única fuente de esperanza y ayuda para la raza caída. "Toda buena dádiva y todo don perfecto" provienen de Dios. Santiago 1:17. Fuera de Él, no hay verdadera excelencia de carácter. Cristo es el único camino para ir a Dios. Él nos dice: "Yo soy el camino, y la verdad, y la vida; nadie viene al Padre, sino por medio de mí." Juan 14:6.

El corazón de Dios suspira por Sus hijos terrestres con un amor más fuerte que la muerte. Al darnos a Su Hijo nos ha derramado todo el cielo en un obsequio. La vida, la muerte y la intercesión del Salvador, el ministerio de los ángeles, las súplicas del Espíritu Santo, el Padre que obra sobre todo y por todo, el interés incesante de los seres celestiales, — todo es movilizado en favor de la redención del hombre.

¡Oh, contemplemos el sacrificio tan sublime que fue hecho por nuestro beneficio! Procuremos apreciar el trabajo y la energía que el cielo consagra a la misión de rescatar a la raza perdida y regresarla a la casa de su Padre. Jamás podrían haberse puesto en acción motivos más fuertes y energías más poderosas. ¿Acaso las grandiosas recompensas por hacer el bien, el gozo de vivir en el cielo, la compañía de los ángeles, la comunión y el amor de Dios y de Su Hijo, la elevación y el acrecentamiento de todas nuestras facultades por las edades eternas no son incentivos y estímulos poderosos que nos instan a dedicar a nuestro Creador y Salvador el servicio amantísimo de nuestro corazón?

Por otra parte, los juicios de Dios pronunciados contra el pecado, la retribución inevitable, la degradación de nuestro carácter y la destrucción final se presentan en la Palabra de Dios para amonestarnos contra el servicio de Satanás.

¿No debemos de apreciar la misericordia de Dios? ¿Qué más podía Él hacer? Entremos en perfecta relación con Aquél que nos amó con amor asombroso. Hagamos uso de los medios que nos han sido dados para que seamos transformados conforme a Su semejanza y restituidos a la comunión de los ángeles ministradores, y a la armonía y comunión del Padre y del Hijo.

CAPÍTULO 3

El Factor
De Culpa

¿COMO SE JUSTIFICARÁ el hombre con Dios? ¿Cómo se hará justo el pecador? Únicamente por intermedio de Cristo podemos estar en armonía con Dios y la santidad; pero ¿cómo debemos acercarnos a Cristo? Hoy en día, muchos formulan la misma pregunta que hizo la multitud el día de Pentecostés, cuando, convencida del pecado, exclamó diciendo: "¿Qué haremos?" La primera respuesta del apóstol Pedro fue: "Arrepentíos." Hechos 2:37, 38. Mas tarde, en otra ocasión, dijo: "Arrepentíos y convertíos, para que sean borrados vuestros pecados." Hechos 3:19.

En el arrepentimiento está incluido la tristeza por el pecado y el abandono del mismo. No renunciaremos al pecado a menos que veamos su pecaminosidad. No habrá cambio real en nuestra vida mientras no repudiemos el pecado de nuestros corazones.

Muchos no entienden la verdadera naturaleza del arrepentimiento. Muchas personas se entristecen por haber pecado, y reforman sus vidas exteriormente porque temen que su mala vida les traerá sufrimientos. Pero éste no es el arrepentimiento que nos presenta la Biblia. Ellos lamentan el dolor más bien que el pecado. Ese fue el caso de Esaú cuando vio que había perdido su primogenitura para siempre. Balaam, aterrorizado por el ángel que estaba en su camino con la espada desenvainada, admitió su culpa porque temía perder su vida, pero no experimentó un sincero arrepentimiento del pecado y no cambió de propósito ni aborreció el mal. Judas Iscariote, después de traicionar a Jesús, exclamó: "He pecado, entregando sangre inocente." Mateo 27:4.

Esta confesión fue arrancada de su alma por el sentido

20

de condenación y el temor del juicio venidero. Las consecuencias que habría de recibir le llenaron de terror, pero no experimentó profundo quebrantamiento de corazón ni dolor en su alma por haber traicionado al Hijo inmaculado de Dios, ni por haber negado al Santo de Israel. Cuando el faraón de Egipto sufría bajo los juicios de Dios, reconoció su pecado a fin de escapar el castigo, pero tan pronto como cesaron las plagas, volvió a desafiar al cielo. Todos estos personajes bíblicos lamentaron los resultados del pecado, pero no experimentaron sentimiento por el pecado en sí.

Cuando el corazón cede a la influencia del Espíritu, la conciencia se vivifica y el pecador discierne algo de la profundidad y santidad de la ley de Dios, el fundamento de Su gobierno en el cielo y en la tierra. "La luz verdadera, que alumbra a todo hombre que viene a este mundo," ilumina las habitaciones secretas del alma, y quedan reveladas las cosas ocultas. Juan 1:9. La convicción se posesiona de la mente y del corazón. El pecador reconoce entonces la justicia de Jehová, y siente terror de que se descubra su iniquidad e impureza delante de Aquél que escudriña los corazones. Ve el amor de Dios, la belleza de la santidad y el gozo de la pureza. Ansiosamente, quiere ser purificado y restituido a la comunión del cielo.

La oración de David después de su caída nos muestra la naturaleza del verdadero arrepentimiento por el pecado. Su arrepentimiento fue sincero y profundo. No trató de disfrazar su culpa, y su oración no fue inspirada por el deseo de escapar el juicio que lo amenazaba. David vio la enormidad de su transgresión y la contaminación de su alma; aborreció su pecado. No sólo pidió perdón, sino también que su corazón fuese purificado. Anhelaba el gozo de la santidad y el ser restituido a la armonía y comunión con Dios. Este fue el lenguaje de su alma:

"Bienaventurado aquel a quien es perdonada
  su transgresión, y cubierto su pecado.
  Bienaventurado el hombre a quien Jehová no
  imputa iniquidad,
  Y en cuyo espíritu no hay doblez."

Salmos 32:1, 2

"Ten piedad de mí, oh Dios, conforme
a Tu misericordia;
Conforme a la multitud de Tus piedades
borra mis delitos . . . .
Porque yo reconozco mis delitos,
Y mi pecado está siempre delante de mí . . . .
Purifícame con hisopo, y seré limpio;
Lávame, y quedaré más blanco que la nieve . . . .
Crea en mí, oh Dios, un corazón limpio,
Y renueva un espíritu recto dentro de mí.
No me eches de delante de Tí,
Y no retires de mí Tu Santo Espíritu.
Devuélveme el gozo de Tu salvación,
Y en espíritu de nobleza afiánzame . . . .
Líbrame de la sangre derramada,
oh Dios, Dios de mi salvación;
Y cantará mi lengua Tu justicia."

Salmos 51: 1-14.

Un arrepentimiento como éste es algo que está más
allá de nuestro propio poder; se obtiene únicamente de
Cristo, quien ascendió a lo alto y dio dones a los hombres.

Muchos se pueden desviar precisamente en este punto,
y por consiguiente no reciben la ayuda que Cristo desea
darles. Piensan que no pueden venir a Cristo a menos que
se arrepientan primero, y que el arrepentimiento los
prepara para recibir el perdón de sus pecados. Es verdad
que el arrepentimiento precede el perdón de los pecados;
porque es solamente el corazón quebrantado y contrito, el
que siente la necesidad de un Salvador. Pero ¿debe el
pecador esperar hasta que se haya arrepentido antes que
pueda venir a Jesús? ¿Es el acto del arrepentimiento un
obstáculo entre el pecador y el Salvador?

Las Sagradas Escrituras no enseñan que el pecador
debe arrepentirse antes de poder aceptar la invitación de
Cristo, "Venid a Mí todos los que estáis fatigados y
cargados, y Yo os haré descansar." Mateo 11:28. La
virtud que proviene de Cristo es la que nos induce a un
arrepentimiento verdadero. El apóstol Pedro presentó este
tema claramente cuando les dijo a los Israelitas: "A éste,

Dios ha exaltado con Su diestra por Jefe y Salvador, para dar a Israel arrepentimiento y perdón de pecados." Hechos 5:31. Tan imposible es arrepentirse si el Espíritu de Cristo no despierta la conciencia como lo es obtener el perdón sin Cristo.

Cristo es la fuente de todo buen impulso. Es el único que puede implantar en el corazón enemistad contra el pecado. Todo deseo de verdad y pureza, toda convicción de nuestra propia pecaminosidad muestran que Su Espíritu está obrando en nuestro corazón.

Jesús nos dijo: "Y Yo, si soy levantado de la tierra, a todos atraeré a Mí mismo." Juan 12:32. Cristo debe ser revelado al pecador como el Salvador que murió por los pecados del mundo; y mientras contemplamos al Cordero de Dios sobre la cruz del Calvario, el misterio de la redención empieza a manifestarse en nuestra mente y la bondad de Dios nos lleva al arrepentimiento. Al morir por los pecadores, Cristo manifestó un amor incomprensible; y a medida que el pecador lo contempla, este amor enternece el corazón, impresiona la mente e inspira contrición en nuestra alma.

Es verdad que a veces los hombres se avergüenzan de sus vidas pecaminosas y abandonan algunos de sus malos hábitos antes de darse cuenta de que son atraídos a Cristo. Pero siempre que hacen un esfuerzo por reformarse, empujados por un sincero deseo de hacer el bien, es el poder de Cristo el que los está atrayendo. Una influencia de la cual no se dan cuenta obra sobre sus almas vivificando la conciencia y enmendando la conducta externa. Y cuando Cristo los lleva a mirar Su cruz y a contemplar a Aquél que fue maltratado por sus pecados, el mandamiento se graba en la conciencia. La maldad de sus vidas, el pecado profundamente calado en sus almas les son revelados. Comienzan a entender algo de la justicia de Cristo, y exclaman: "¿Qué es el pecado, para que exija tal sacrificio por la redención de su víctima? ¿Fue necesario todo este amor, todo este sufrimiento, toda esta humillación, para que no pereciéramos, sino que tuviésemos vida eterna?"

El pecador puede resistir este amor, puede rehusar ser

atraído a Cristo; pero si no resiste, será atraído a Él; el conocimiento del plan de salvación lo llevará al pie de la cruz, arrepentido de sus pecados, los cuales causaron el sufrimiento del amado Hijo de Dios.

La misma Inteligencia divina que obra en las cosas de la naturaleza habla al corazón del hombre, y crea en él un deseo indecible de algo que no posee. Las cosas del mundo no satisfacen su ansia. El Espíritu de Dios le suplica que busque lo único que puede dar paz y descanso: la gracia de Cristo y el gozo de la santidad. Por medio de influencias visibles e invisibles, nuestro Salvador está constantemente obrando para atraer el corazón del hombre de los placeres vanos del pecado y llevarlo hacia las bendiciones infinitas que pueden obtenerse de Él. A todas esas almas que procuran inútilmente beber de las cisternas rotas de este mundo, se dirige el mensaje divino: "Y el que tiene sed, venga; y el que quiera, tome del agua de la vida gratuitamente." Apocalipsis 22:17.

Tú, que sientes en tu corazón el anhelo de algo mejor que lo que este mundo puede dar, reconoce en este deseo la voz de Dios que habla a tu alma. Pídele que te dé el arrepentimiento, que te revele a Cristo en Su amor infinito y en Su pureza absoluta. En la vida del Salvador fueron perfectamente ejemplificados los principios de la ley de Dios: el amor a Dios y al hombre. La benevolencia y el amor desinteresado fueron la vida de Su alma. Cuando contemplamos al Redentor, y Su luz nos inunda, es cuando vemos la pecaminosidad de nuestro corazón.

Igual que Nicodemo, podemos halagar de que nuestra vida ha sido íntegra, que nuestro carácter moral es correcto, y pensar que no necesitamos humillar nuestro corazón delante de Dios como el pecador común. Pero cuando la luz de Cristo ilumine nuestra alma, veremos cuán impuros somos; veremos el egoísmo de nuestros motivos y la enemistad contra Dios, que han manchado todos los actos de nuestra vida. Entonces reconoceremos que nuestra rectitud es en verdad como trapos sucios y que solamente la sangre de Cristo puede limpiarnos de la contaminación del pecado y renovar nuestro corazón a la semejanza del Señor.

Un rayo de la gloria de Dios, un resplandor de la pureza de Cristo, que penetre en el alma, hace visible toda mancha de pecado, y descubre la deformidad y los defectos del carácter humano. Aclara los deseos profanos, la incredulidad del corazón y la impureza de los labios. Los actos de deslealtad por los cuales el pecador anula la ley de Dios, quedan expuestos a la vista, y el espíritu se aflige y se oprime bajo la influencia escrutadora del Espíritu de Dios. Él se aborrece a sí mismo al contemplar el carácter puro e inmaculado de Cristo.

Cuando el profeta Daniel contempló la gloria que rodeaba al mensajero celestial que le fue enviado, se sintió abrumado por su propia debilidad e imperfección. Describiendo el efecto de la maravillosa escena, nos dijo: "No quedó fuerza en mí, se demudó el color de mi rostro hasta quedar desfigurado, perdí todo mi vigor." Daniel 10:8. El alma así conmovida odiará su egoísmo y amor propio, y mediante la rectitud de Cristo buscará la pureza que está en armonía con la ley de Dios y con el carácter de Cristo.

El apóstol Pablo dice que "en cuanto a la justicia que es la ley," es decir, en lo referente a las obras externas, era "irreprensible." Filipenses 3:6. Pero cuando comprendió el carácter espiritual de la ley, se reconoció como pecador. Juzgado por la ley como los hombres la aplicaban a la vida externa, él se había abstenido de pecar; pero cuando miró la profundidad de los santos preceptos, y se vio a sí mismo como Dios le veía, se avergonzó profundamente y confesó así su culpabilidad: "Y yo vivía en un tiempo sin la ley; pero venido el mandamiento, el pecado revivió y yo morí." Romanos 7:9. Cuando vio la espiritualidad de la ley, vio el pecado en todo su horror, y su estimación propia desapareció.

Dios no considera los pecados de igual magnitud; hay diferencia de pecados a Su juicio, como la hay a juicio de los hombres. Sin embargo, aunque este o aquel acto malo pueda parecer trivial a los ojos del hombre, ningún pecado es pequeño a la vista de Dios. El juicio de los hombres es parcial e imperfecto; más Dios vé todas las cosas como realmente son. Al borracho se le desprecia y se le dice que su pecado le excluirá del cielo, mientras que a menudo el orgullo, el egoísmo y la codicia no son reprendidos. Pero estos son pecados que ofenden de manera especial a Dios, porque van en contra de la benevolencia de Su carácter, y de ese amor abnegado, que es la misma atmósfera del universo que no ha pecado. El que comete alguno de los pecados más vergonzosos puede arrepentirse y sentir su pobreza y necesidad de la gracia de Cristo; pero el orgulloso no siente necesidad alguna y cierra su corazón a Cristo y se priva de las bendiciones que Él vino a derramar.

El pobre publicano que oraba diciendo: "Dios, se propicio a mí, pecador," se consideraba un hombre muy malvado, y así le veían los demás; pero él sentía su necesidad, y con su carga de pecado y vergüenza se presentó a Dios e imploró Su misericordia. Lucas 18:13. Su corazón estaba abierto para que el Espíritu de Dios hiciera en él su obra de gracia y lo librara del poder del pecado. La oración jactanciosa y presuntuosa del fariseo demostró que su corazón estaba cerrado a la influencia del Espíritu Santo. Por estar lejos de Dios, no tenía idea de su propia corrupción, que distaba tanto de la perfección de la santidad divina. No sentía necesidad alguna y nada recibió.

Si percibes tu condición pecaminosa, no esperes enmendarla por tus propios medios. ¡Cuántos hay que piensan que no son bastante buenos para ir a Cristo! ¿Esperas mejorar mediante tus propios esfuerzos? "¿Podrá mudar el etíope su piel, o el leopardo sus manchas? Así también, ¿podréis vosotros hacer el bien, estando habituados a hacer el mal?" Jeremías 13:23. Solamente en Dios hay ayuda para nosotros. No debemos permanecer esperando persuasiones más fuertes, ni mejores oportunidades, ni el tener un carácter más santo. Nada podemos hacer por nosotros mismos. Debemos ir a Cristo tal como somos.

Que nadie se engañe a sí mismo pensando que Dios, en Su gran amor y misericordia, salvará aún a los que rechazan Su gracia. La excesiva corrupción del pecado puede medirse solamente a la luz de la cruz. Cuando los hombres insisten en que Dios es demasiado bueno para echar fuera al pecador, miren al Calvario. Si Cristo cargó con la culpa del desobediente y sufrió en lugar del pecador, fue porque no había otra manera en que el hombre pudiese salvarse, porque sin ese sacrificio era imposible que la familia humana escapase del poder contaminador del pecado y fuese restituida a la comunión con seres santos; era imposible que volviese a participar de la vida espiritual. El amor, los sufrimientos y la muerte del Hijo de Dios, todo atestigua la terrible enormidad del pecado y prueba que no hay modo de escapar de su poder ni hay esperanza de una vida superior, sino mediante la sumisión del alma a Cristo.

Los impenitentes se excusan a si mismos, diciendo de los que profesan ser Cristianos: "Soy tan bueno como ellos. No son más abnegados, sobrios ni circunspectos en su conducta que yo. Les gustan los placeres y la complacencia propia tanto como a mí." Así hacen de las faltas de otros una excusa para descuidar su deber. Pero los pecados y las faltas de otros no disculpan a nadie, porque el Señor no nos ha dado un modelo humano sujeto a errores. El inmaculado Hijo de Dios nos ha sido dado como ejemplo. Los que se quejan de la mala conducta de aquellos que profesan ser Cristianos son los que deberían presentar una vida mejor y ejemplos más nobles. Si tienen un concepto tan alto de lo que el Cristiano debe ser, ¿no es su pecado tanto mayor? Saben lo que es correcto, y sin embargo rehusan hacerlo.

Tened cuidado con las dilaciones. No demoréis el acto de abandonar vuestros pecados y buscar la pureza de vuestros corazones por medio del Señor Jesús. Es aquí donde miles y miles han errado a costa de su perdición eterna. No insistiré aquí en la brevedad e incertidumbre de la vida; pero se corre un riesgo que no comprenden suficientemente, cuando se posterga el acto de ceder a la voz suplicante del Espíritu Santo de Dios, y se prefiere vivir en pecado, porque tal demora consiste realmente en esto. No se puede continuar en el pecado, por pequeño que se lo considere, sin correr el riesgo de una pérdida total. Lo que no venzamos, nos vencerá a nosotros y nos destruirá.

Adán y Eva llegaron a pensar que de un acto tan pequeño como el de comer la fruta prohibida no resultarían consecuencias tan terribles como las que Dios había anunciado. Pero ése pequeño acto fue una transgresión de la ley santa e inmutable de Dios y separó de éste al hombre, abriendo las puertas por las cuales se volcaron sobre nuestro mundo la muerte e innumerables desgracias. Como consecuencia de la desobediencia del hombre, siglo tras siglo ha subido de nuestra tierra una continua lamentación de aflicción, y la creación gime bajo la carga terrible del dolor. El cielo mismo ha sentido los efectos de la rebelión del hombre contra Dios. El Calvario se destaca como un recuerdo del gran sacrificio que se requirió para expiar la transgresión de la ley Divina. No consideremos, pues, el pecado como una cosa sin importancia.

Toda transgresión, todo descuido o rechazamiento de la gracia de Cristo, obra indirectamente sobre nosotros; endurece nuestro corazón, pervierte la voluntad, entorpece el entendimiento, y no sólo nos vuelve más desobedientes, sino también menos atentos a oír las tiernas súplicas del Espíritu de Dios.

Muchos están apaciguando su conciencia con el pensamiento de que pueden cambiar su mala conducta cuando quieran; de que pueden tratar ligeramente las invitaciones de la misericordia divina, y sin embargo, seguir sintiendo las impresiones de ella. Piensan que después de menospreciar al Espíritu de gracia, después de echar su influencia del lado de Satanás, en un momento de extrema necesidad pueden cambiar su modo de proceder. Pero ésto no se logra fácilmente. La experiencia y la educación de una vida entera nos han amoldado de tal manera el carácter, que pocos desean recibir la imagen de Jesús.

Un mal rasgo en el carácter, sólo un deseo pecaminoso, persistentemente albergado, neutralizará todo el poder del Evangelio. Cada vez que uno cede al pecado, se fortalece la enemistad del alma hacia Dios. El hombre que manifiesta un atrevimiento infiel o una indiferencia impasible hacia la verdad, no está sino segando la cosecha de su propia siembra. En toda la Escritura no hay amonestación más terrible contra el hábito de jugar con el mal que estas palabras del sabio: "Prenderán al impío sus propias iniquidades." Proverbios 5:22.

Cristo está listo para liberarnos del pecado, pero Él no fuerza a la voluntad; y si ésta persiste en la transgresión, se inclina por completo al mal, y no desea ser libre y tampoco acepta la gracia de Cristo, ¿qué más puede Él hacer? Al rechazar deliberadamente Su amor, hemos labrado nuestra propia destrucción. "He aquí ahora el tiempo favorable; he aquí ahora el día de salvación." 2 Corintios 6:2. "Si oís hoy Su voz, no endurezcáis vuestros corazones." Hebreos 3:7, 8.

"Pues el hombre mira lo que está delante de sus ojos, pero Jehová mira el corazón." 1 Samuel 16:7. Es el corazón humano con sus encontradas emociones de gozo y de tristeza, ése extraviado y caprichoso corazón, la morada de tanta impureza y engaño. El Señor conoce sus motivos, sus propios intentos y designios. Vé a Él con tu alma manchada tal cual está. Como el salmista, abre sus cámaras al ojo que todo lo ve, exclamando: "Excudríñame, oh Dios, y conoce mi corazón; pruébame y conoce mis pensamientos; y ve si hay en mí camino de perversidad, y guíame en el camino eterno." Salmos 139:23, 24.

Hay muchos que aceptan una religión intelectual, una forma de santidad, sin que el corazón esté limpio. Que sea tu oración: "Crea en mí, oh Dios, un corazón limpio, y renueva un espíritu recto dentro de mí." Salmos 51:10. Sé leal con tu propia alma. Se tan diligente, tan persistente, como lo serías si tu vida estuviese en peligro. Este es un asunto que debe decidirse entre Dios y tu alma, y es una decisión para toda la eternidad. Una esperanza supuesta, que no sea más que esto, llegará a ser tu ruina.

Estudia la Palabra de Dios con oración. Ella te presenta, en la ley de Dios y en la vida de Cristo, los grandes principios de la santidad, "Sin la cual nadie verá al Señor." Hebreos 12:14. Es ella la que nos convence del pecado; la que nos revela plenamente el camino de la salvación. Préstale atención como a la voz de Dios hablándole a tu alma.

Cuando comprendas la enormidad del pecado, cuando te veas como eres en realidad, no te llenes de desesperación, pues a los pecadores es a quiénes Cristo vino a salvar. No tenemos que reconciliar a Dios con nosotros, sino que —¡oh maravilloso amor!— "Dios estaba en Cristo reconciliando consigo al mundo." 2 Corintios 5:19. Su tierno amor está atrayendo hacia Sí los corazones de Sus hijos errantes. Ningún padre terrenal podría ser tan paciente con las faltas y los errores de sus hijos, como lo es Dios con aquellos a quiénes trata de salvar. Nadie podría argüir más tiernamente con el pecador. Jamás pronunciaron los labios humanos invitaciones más tiernas que las dirigidas por Dios al extraviado. Todas Sus promesas, Sus amonestaciones, no son sino las expresiones de Su amor inefable.

Cuando Satanás acude a decirte que eres un gran pecador, alza los ojos a tu Redentor y habla de Sus méritos. Lo que te ayudará será mirar a Su luz. Reconoce tu pecado, pero dí al enemigo que "Cristo Jesús vino al mundo para salvar a los pecadores," y que puedes ser salvo por Su incomparable amor. 1 Timoteo 1:15. El Señor Jesús le hizo una pregunta a Simón con respecto a los dos deudores. El primero debía a su amo una suma pequeña y el otro debía una muy grande; pero él perdonó a ambos, y Cristo le preguntó a Simón que deudor amaría más a su señor. Simón le respondió: "Aquél a quien perdonó más." Lucas 7:43. Hemos sido grandes pecadores, pero Cristo murió para perdonarnos. Los méritos de Su sacrificio son suficientes para presentarlos al Padre en nuestro favor. Aquellos a quiénes Él ha perdonado más, le amarán más, y estarán más cerca de Su trono para alabarle por Su gran amor y Su sacrificio infinito. Cuanto más plenamente comprendamos el amor de Dios, mejor entenderemos la enormidad del pecado. Cuando veamos cuán larga es la cadena que se arrojó para rescatarnos, cuando entendamos algo del sacrificio infinito que Cristo hizo en nuestro favor, nuestro corazón se llenará de ternura y contrición.

Viviendo Con Tu Conciencia

"EL QUE ENCUBRE sus pecados no prosperará; mas el que los confiesa y se aparta alcanzará misericordia." Proverbios 28:13. Las condiciones para obtener la misericordia de Dios son sencillas, justas y razonables. El Señor no exige que hagamos alguna cosa penosa para obtener el perdón de nuestros pecados. No necesitamos hacer peregrinaciones largas y fastidiosas, ni ejecutar penitencias difíciles, para encomendar nuestras almas al Dios de los cielos o para expiar nuestras transgresiones; sino que todo aquél que confiese su pecado y se aparte de él, alcanzará misericordia.

El apóstol nos dice: "Confesaos vuestras faltas unos a otros, y orad unos por otros, para que seáis sanados." Santiago 5:16. Confiesa tus pecados a Dios, el único que puede perdonarlos, y las faltas unos a otros. Si has dado motivo de ofensa a tu amigo o vecino, debes reconocer tu falta, y es su deber perdonarte con buena voluntad. Entonces, busca el perdón de Dios, pues el hermano a quien ofendiste pertenece a Dios, y al perjudicarle pecaste contra su Creador y Redentor. El caso es presentado al único y verdadero Intercesor, nuestro gran Sumo Sacerdote, que "ha sido tentado en todo según nuestra semejanza, pero sin pecado," quien puede "compadecerse de nuestras debilidades" y limpiarnos de toda mancha de pecado. Hebreos 4:15.

Los que no humillan su alma delante de Dios reconociendo su culpa, no han cumplido todavía la primera condición de la aceptación. Si no hemos experimentado ese arrepentimiento del cual nadie debe arrepentirse, y no hemos confesado nuestros pecados con verdadera humillación del alma y quebrantamiento del espíritu,

aborreciendo nuestra iniquidad, no hemos buscado
verdaderamente el perdón de nuestros pecados; y si nunca
lo hemos buscado, no hemos encontrado la paz de Dios.
La única razón por la cual no obtenemos la remisión de
nuestros pecados pasados es que no estamos dispuestos a
humillar nuestro corazón ni a cumplir las condiciones que
impone la Palabra de verdad. Nos han dado instrucciones
explícitas referentes a este asunto. La confesión de
nuestros pecados, ya sea pública o privada, debe de ser
voluntaria y de todo corazón. No debe ser solicitada al
pecador. Esta confesión no debe hacerse de un modo
ligero y descuidadamente, ni exigirse de aquellos que no
tienen una comprensión real del carácter aborrecible del
pecado. La confesión que brota de la profundidad del alma
sube al Dios de piedad infinita. El salmista dice: "Cercano
está Jehová a los quebrantados de corazón; y salva a los
contritos de espíritu." Salmos 34:18.

La verdadera confesión es siempre de carácter
específico y reconoce pecados particulares. Pueden ser
éstos de tal naturaleza que sólo deben presentarse delante de
Dios. Pueden ser males que deban confesarse
individualmente a los que hayan sufrido daño por ellos;
pueden ser de un carácter público, y en ese caso deberán
confesarse públicamente. Pero toda confesión debe hacerse
de modo específico y directo, para que podamos reconocer
en forma definida los pecados de los que somos culpables.

En los días de Samuel los Israelitas se alejaron de
Dios. Estaban sufriendo las consecuencias del pecado,
pues habían perdido su fe en Dios, el discernimiento de Su
poder y sabiduría para gobernar a la nación. Tampoco
confiaban en la capacidad del Señor para defender y vindicar
su causa. Se apartaron del gran Gobernante del universo,
y desearon ser gobernados como las naciones que los
rodeaban. Antes de encontrar paz hicieron esta confesión
explícita: "Porque a todos nuestros pecados hemos añadido
este mal de pedir rey para nosotros." 1 Samuel 12:19.
Tenían que confesar en específico el pecado del cual se
habían hecho culpables. Su ingratitud les oprimía el alma
y los separaba de Dios.

Dios no acepta la confesión si no va acompañada de

un arrepentimiento sincero y un deseo de reformarse.
Deben efectuarse cambios decididos en la vida; todo lo que
ofenda a Dios debe dejarse. Ese será el resultado de un
sincero dolor por el pecado. Se nos presenta claramente lo
que tenemos que hacer de nuestra parte: "Lavaos, limpiaos;
quitad la iniquidad de vuestras obras de delante de mis ojos;
dejad de hacer lo malo; aprended a hacer el bien; buscad la
justicia, reprimid al opresor, defended la causa del
huérfano, amparad a la viuda." Isaías 1:16, 17. "Si el
impío restituye la prenda, devuelve lo que haya robado, y
camina en los estatutos de la vida, no haciendo iniquidad,
vivirá ciertamente y no morirá." Ezequiel 33:15.
Hablando de la obra del arrepentimiento, el apóstol Pablo
nos dijo: "Que hayáis sido contristados según Dios, ¡qué
gran diligencia produjo en vosotros, y qué disculpas, qué
indignación, qué temor, qué ardiente afecto, qué celo, y qué
vindicación! En todo os habéis mostrado inocentes en el
asunto." 2 Corintios 7:11.

Cuando el pecado disminuye la percepción moral, la
persona que obra mal no discierne los defectos de su
carácter ni comprende la enormidad del mal que ha
cometido. A menos que ceda al poder del Espíritu Santo,
permanecerá parcialmente ciego con respecto a sus
pecados. Sus confesiones no serán sinceras ni vendrán del
corazón. Cada vez que reconozca su maldad añadirá una
disculpa de su conducta al declarar que si no hubiese sido
por ciertas circunstancias no habría hecho esto o aquello de
lo cual se le reprocha.

Después que Adán y Eva comieron de la fruta
prohibida, les embargó un sentimiento de vergüenza y
terror. Al principio, sólo pensaron en excusar su pecado y
escapar de la temible sentencia de muerte. Después,
cuando el Señor les habló tocante a su pecado, Adán
respondió echándole la culpa en parte a Dios y en parte a
su compañera: "La mujer que me diste por compañera me
dio del árbol, y yo comí." La mujer echó la culpa a la
serpiente, diciendo: "La serpiente me engañó, y comí."
Génesis 3:12, 13. ¿Por qué hiciste la serpiente? ¿Por qué
le permitiste que entrase en el Edén? Esas eran las
preguntas implicadas en la excusa que dieron por su

pecado, y de este modo hacían a Dios responsable de su caída. El espíritu de justificación propia tuvo su origen en el padre de la mentira, y lo han manifestado todos los hijos e hijas de Adán. Las confesiones de esta clase no son inspiradas por el Espíritu Divino, y no serán aceptables ante Dios. El verdadero arrepentimiento lleva al hombre a reconocer su propia maldad, sin engaño ni hipocresía. Como el pobre publicano que no osaba ni aun alzar los ojos al cielo, exclamará: "Dios, ten misericordia de mí, pecador," y los que reconozcan así sus pecados serán justificados, porque el Señor Jesús presentará Su sangre en favor de toda alma arrepentida.

Los ejemplos de arrepentimiento y humillación sincera que da la Palabra de Dios, revelan un espíritu de confesión que no busca excusas por el pecado, ni intenta justificarse a si mismo. El apóstol Pablo no procuraba defenderse, sino que relataba sus pecados con los colores más fuertes y no intentaba atenuar su culpa. Nos dijo: "Y esto es precisamente lo que hice en Jerusalén. Yo encerré en cárceles a muchos de los santos, habiendo recibido poderes de los principales sacerdotes; y cuando los mataban, yo dí mi voto. Y muchas veces, castigándolos en todas las sinagogas, los forzaba a blasfemar; y enfurecido sobremanera contra ellos, los perseguía hasta en las ciudades extranjeras." Hechos 26:10, 11. Sin vacilar también dijo: "Cristo Jesús vino al mundo para salvar a los pecadores, de los cuales yo soy el primero." 1 Timoteo 1:15.

El corazón humilde y quebrantado, enternecido por el arrepentimiento sincero, apreciará algo del amor de Dios y del costo del Calvario. Y como aquél hijo que le confiesa a un padre amantísimo, así quién esté verdaderamente arrepentido, presentará todos sus pecados delante de Dios. Y está escrito: "Si confesamos nuestros pecados, él es fiel y justo para perdonarnos nuestros pecados, y limpiarnos de toda iniquidad." 1 Juan 1:9.

CAPÍTULO 5

La Vida En Abundancia

LA PROMESA de Dios es: "Me buscaréis y me hallaréis, cuando me buscaréis de todo vuestro corazón." Jeremías 29:13.

Debemos dar a Dios todo el corazón, o no se realizará el cambio que se ha de efectuar en nosotros, por el cuál hemos de ser transformados conforme a la semejanza divina. Por naturaleza, somos enemigos de Dios. El Espíritu Santo describe nuestra condición en estas palabras: "Muertos por vuestros delitos y pecados." Efesios 2:1. "Toda cabeza está enferma, y todo corazón doliente . . . no hay en él cosa sana." Isaías 1:5, 6. Firmemente nos atan los lazos de Satanás, y estamos "cautivos, para hacer su voluntad." 2 Timoteo 2:26. Dios quiere sanarnos y libertarnos. Pero como ésto exige una transformación completa y una renovación de nuestra naturaleza, debemos entregarnos a Él completamente.

La guerra contra nosotros mismos es la batalla más grande que jamás se haya reñido. El rendirse a sí mismo, entregando todo a la voluntad de Dios, requiere una lucha; pero el alma debe someterse a Dios, antes de que pueda ser renovada en santidad.

El gobierno de Dios no es, tal como Satanás quiere hacerlo aparentar, fundado en una sumisión ciega ni en una reglamentación irracional. Al contrario, apela al entendimiento y a la conciencia. "Venid luego, dice Jehová, y estemos a cuenta," es la invitación del Creador a los seres que formó. Isaías 1:18. Dios no fuerza la voluntad de Sus criaturas. No puede aceptar un homenaje que no le sea otorgado voluntaria e inteligentemente. Una

35

sumisión forzada impediría todo desarrollo real del entendimiento y del carácter: Haría del hombre un simple autómata. Tal no es el designio del Creador. Él desea que el hombre, que es la obra maestra de Su poder creativo, alcance el más alto desarrollo posible. Mediante Su gracia, nos presenta la gloriosa altura a la cual quiere elevarnos. Nos invita a que nos entreguemos a Él para que así pueda realizar Su voluntad. Nosotros tendremos que decidir si deseamos ser libres de la esclavitud del pecado, y así compartir la libertad gloriosa de los hijos de Dios.

Al consagrarnos a Dios, es necesario abandonar todo aquello que nos separaría de Él. Por esto dice el Salvador: "Así, pues, cualquiera de vosotros que no renuncia a todo lo que posee, no puede ser Mi discípulo." Lucas 14:33. Debemos renunciar a todo lo que aleje a Dios de nuestro corazón. Las riquezas son el ídolo de muchos. El amor al dinero y el deseo de acumular fortunas, constituyen la cadena de oro que los tiene sujetos a Satanás. Otros adoran la fama y los honores del mundo. Una vida de comodidad egoísta, libre de responsabilidad, es el ídolo de otros. Pero estos lazos deben romperse. No podemos consagrar una parte de nuestro corazón al Señor, y la otra al mundo. No seremos hijos de Dios a menos que lo seamos enteramente.

Hay quienes profesan servir a Dios a la vez que confían en sus propios esfuerzos para obedecer Su ley, desarrollar un carácter recto y asegurar su salvación. Sus corazones no son movidos por un sentimiento profundo de amor a Cristo, sino que procuran cumplir los deberes de la vida Cristiana como algo que Dios les exige para ganar el cielo. Este tipo de religión no tiene valor alguno. Cuando Cristo vive en el corazón, el alma rebosa de tal manera de Su amor y del gozo de Su comunión, que se aferra a Él; y contemplándole se olvida de sí misma. El amor a Cristo es el móvil de sus acciones. Los que sienten el amor constreñidor de Dios, no preguntan cuánto es lo menos que pueden darle para satisfacer lo que Él requiere; no preguntan cuál es la norma más baja que acepta, sino que aspiran a una vida de completa conformidad con la voluntad de su Redentor. Con ardiente deseo, le entregan todo y manifiestan un interés proporcional al valor del objeto que procuran. El profesar que pertenecemos a Cristo, sin sentir ese amor profundo, es pura habladuría, un formalismo seco y una tarea pesada.

¿Crees que es un sacrificio demasiado grande darle todo a Cristo? Hazte la pregunta: "¿Qué dio Cristo por mí?" El Hijo de Dios lo dio todo para redimirnos: vida, amor y sufrimientos. Siendo tan indignos de tan gran amor, ¿es posible que rehusemos entregarle nuestro corazón? Cada momento de nuestra vida hemos compartido las bendiciones de Su gracia, y por esta misma razón no comprendemos plenamente las profundidades de la miseria e ignorancia de la cuál hemos sido salvados. ¿Es posible que veamos a Aquél a quién traspasaron nuestros pecados y sin embargo continuemos menospreciando todo Su amor y sacrificio? Viendo la humillación infinita del Señor de gloria, ¿murmuraremos porque no podemos entrar en la vida eterna sino a costa de conflictos y humillación propia?

Muchos corazones orgullosos preguntan: "¿Por qué necesitamos arrepentirnos y humillarnos antes de tener la seguridad de que somos aceptados por Dios?" Mira a Cristo. En Él no había pecado alguno, y lo que es más, era el Príncipe del cielo; y sin embargo, por causa del hombre se hizo pecado. "Y fue contado con los pecadores, habiendo él llevado el pecado de muchos, e intercedido por los transgresores." Isaías 53:12.

¿Y qué abandonamos cuando lo damos todo? Un corazón manchado de pecado, para que el Señor Jesús lo purifique y lo limpie con Su propia sangre, para que lo salve con Su incomparable amor. ¡Y los hombres hallan difícil renunciar a todo! Me avergüenzo de oírlo decir y me avergüenzo de escribirlo.

Dios no nos pide que renunciemos a cosa alguna si esa renuncia fuese para nuestro bien. En todo lo que hace, tiene presente el bienestar de Sus hijos. ¡Ojalá que todos aquellos que no han decidido seguir a Cristo pudieran comprender que Él tiene algo muchísimo mejor que ofrecerles que todo lo que están buscando por sí mismos!

El hombre inflige el mayor perjuicio e injusticia a su propia alma cuando piensa y obra de un modo contrario a la voluntad de Dios. No encontrará ese gozo sincero si continua por la senda prohibida por Aquél que conoce lo que es mejor y quien proyecta el bien de Sus criaturas. La senda de la transgresión es el camino de la miseria y la destrucción.

Es un error entretener los pensamientos de que Dios se complace en ver sufrir a Sus hijos. Todo el cielo está interesado en la felicidad del hombre. Nuestro Padre celestial no cierra las avenidas del gozo a ninguna de Sus criaturas. Los requerimientos de Dios nos invitan a rechazar todos los placeres que traen consigo sufrimiento y contratiempos, que nos cierran la puerta de la felicidad y del cielo. El Redentor del mundo acepta a los hombres tal como son, con todas sus necesidades, imperfecciones y debilidades; y no solamente los limpiará de pecado y les concederá la vida eterna por medio de Su sangre, sino que satisfacerá el anhelo de todos los que consienten en llevar Su yugo y Su carga. Es Su deseo dar paz y descanso a todos los que acuden a Él en busca del pan de vida. Sólo nos pide que cumplamos los deberes que guían nuestros pasos a las alturas de una felicidad que los desobedientes no pueden alcanzar. La verdadera y gozosa vida de nuestra alma consiste en que sea formado Cristo dentro de ella, nuestra esperanza de gloria.

Quizás tú digas: "¿Cómo me entregaré a Dios?" Deseas hacer Su voluntad, pero eres moralmente débil, esclavo de la duda, y estás dominado por los hábitos de tu vida pecaminosa. Tus promesas y resoluciones son tan frágiles como telarañas, y no puedes controlar tus pensamientos, impulsos y afectos. El conocimiento de tus promesas y votos que no has cumplido debilita la confianza que tuviste en tu propia sinceridad, y te induce a sentir que Dios no puede aceptarte; pero no te desesperes. Lo que debes entender es la verdadera fuerza de la voluntad. Este es el poder gobernante en la naturaleza del hombre, la facultad de decidir o escoger. Todo depende en la decisión de la voluntad. Dios dio a los hombres el poder de elegir; a ellos les toca ejercerlo. No puedes cambiar tu corazón,

ni dar por ti mismo tus afectos a Dios; pero puedes
escoger servirle. Puedes darle tu voluntad, para que Él
obre en ti tanto el querer como el hacer, según Su
voluntad. De ese modo tu naturaleza entera estará bajo el
dominio del Espíritu de Cristo, tus afectos se concentrarán
en Él y tus pensamientos se pondrán en armonía con Él.

Desear ser bondadoso y santo es muy bueno, pero si
no pasas de ésto, de nada te ayudará. Muchos se perderán
esperando y deseando ser Cristianos. No llegan al punto
de dar su voluntad a Dios. No deciden ser Cristianos
ahora.

Por medio del debido ejercicio de la voluntad, puede
obrarse un cambio completo en la vida. Al dar tu
voluntad a Cristo, te unes con el poder que está sobre todo
principado y potestad. Tendrás fuerza de lo alto para
sostenerte firme, y del mismo modo, entregándote
constantemente a Dios serás fortalecido para vivir una vida
nueva, la vida de la fe.

La Función De La Fe

A MEDIDA que tu conciencia ha sido vivificada por el Espíritu Santo, has podido visualizar algo de la perversidad del pecado, de su poder, su culpa, su miseria; y lo miras con aborrecimiento. Sientes que el pecado te ha separado de Dios y que estás bajo la servidumbre del poder del mal. Mientras más luchas por escaparte, mejor puedes comprender tu falta de fuerza. Tus motivos son impuros; tu corazón, corrompido. Ves que tu vida ha estado llena de egoísmo, y de pecado. Deseas ser perdonado, limpiado y libertado. ¿Qué puedes hacer para obtener paz con Dios y asemejarte a Él?

Lo que necesitas es paz, tener en tu alma el perdón, la paz y el amor del cielo. No se pueden comprar con dinero; la inteligencia y la sabiduría no se pueden alcanzar, ni puedes esperar conseguirlos por tu propio esfuerzo. Pero Dios te los ofrece como un don, "sin dinero y sin precio." Isaías 55:1. Tuyos son, con tal que extiendas la mano para tomarlos. El Señor nos dice: "Aunque vuestros pecados sean como la grana, como la nieve serán emblanquecidos; aunque sean rojos como el carmesí, vendrán a ser como blanca lana." Isaías 1:18. "Os daré también un corazón nuevo, y pondré un espíritu nuevo dentro de vosotros." Ezequiel 36:26.

Has confesado tus pecados y en tu corazón los has desechado. Has resuelto entregarte a Dios. Pues vé a Él, y pídele que te limpie de tus pecados, y que te dé un corazón nuevo. Confía que lo hará, *porque Él lo ha prometido*. Esta es la lección que el Señor Jesús enseñó mientras estuvo en la tierra. Debemos creer que recibimos

el don que Dios nos promete, y lo poseeremos. El Señor
Jesús sanaba a los enfermos cuando ellos tenían fe en Su
poder; les ayudaba con las cosas que podían ver; así les
inspiraba confianza en Él sobre aquellas cosas que no
podían ver y los inducía a creer en Su poder de perdonar
los pecados. Esto se ve claramente en el caso del
paralítico: *"Pues para que sepáis que el Hijo del Hombre
tiene potestad en la tierra para perdonar pecados (dice
entonces al paralítico): Levántate, toma tu camilla, y vete
a tu casa."* Mateo 9:6. Así también Juan el evangelista,
al hablar de los milagros de Cristo, dice: "Pero éstas se
han escrito para que creáis que Jesús es el Cristo, el Hijo
de Dios, y para que creyendo, tengáis vida en Su nombre."
Juan 20:31.

De estos simple relatos de la Escritura acerca de cómo
Jesús sanaba a los enfermos, podemos aprender algo con
respecto al modo de llegar a Cristo para que nos perdone
nuestros pecados. Estudiemos el caso del paralítico de
Betesda. Este pobre enfermo estaba imposibilitado; no
había usado sus miembros por treinta y ocho años. El
Señor le dijo: "¡Levántate, toma tu camilla, y anda!" El
paralítico podría haber dicho: "Señor, si me sanares
primero, obedeceré Tu palabra." Pero no fue así. Aceptó
la palabra de Cristo, creyó que estaba sano e hizo el
esfuerzo en seguida; quiso andar y anduvo. Confió en la
palabra de Cristo, y Dios le dio el poder. Así fue sanado.

Tú también eres pecador. No puedes disculpar tus
pecados pasados, no puedes cambiar tu corazón y hacerte
santo. Pero Dios promete hacer todo esto por tí mediante
de Cristo. Cree en esa promesa. Confiesa tus pecados y
entrégate a Dios. Sírvele. Tan pronto como hagas esto,
Dios cumplirá Su palabra contigo. Si crees la promesa, si
crees que estás perdonado y limpiado, Dios suple el hecho;
estás sano, tal como Cristo dio poder al paralítico para
andar cuando el hombre creyó que había sido sanado. Así
es si crees.

El Señor Jesús nos dice: "Todo cuanto rogáis y pedís,
creed que lo estáis recibiendo, y lo tendréis." Marcos
11:24. Sólo una condición acompaña esta promesa: que
pidamos conforme a la voluntad de Dios. Limpiarnos del

pecado, hacernos hijos Suyos y habilitarnos para vivir una vida santa es la voluntad de Dios. Así es que, podemos pedirle a Dios éstas bendiciones, creer que las recibimos y agradecerle por *haberlas* recibido. Es nuestro privilegio ir a Jesús para que nos limpie, y vivir delante de la ley sin confusión ni remordimiento. "Ahora, pues, ninguna condenación hay para los que están en Cristo Jesús, (los que no están andando conforme a la carne, sino conforme al Espíritu)." Romanos 8:1.

De ahora en adelante, ya no te perteneces, porque fuiste comprado por un precio. "Sabiendo que fuisteis rescatados . . . . no con cosas corruptibles, como oro o plata, sino con la sangre preciosa de Cristo, como de un cordero sin mancha y sin contaminación." 1 Pedro 1:18, 19. Mediante este sencillo acto de creer en Dios, el Espíritu Santo engendró una nueva vida en tu corazón. Eres como un niño nacido en la familia de Dios, y Él te ama como a Su Hijo.

Ahora que te has consagrado al Señor Jesús, no vuelvas atrás, no te separes de Él, mas repite todos los días: "Soy de Cristo y le pertenezco." Pídele que te dé Su Espíritu y que te guarde por Su gracia. Así como consagrándote a Dios y creyendo en Él llegaste a ser Su hijo, también así debes vivir en Él. Dice el apóstol: "De la manera que recibisteis al Señor Jesucristo, andad así en él." Colosenses 2:6. Algunos creen que deben estar a prueba y que deben demostrar al Señor que se han reformado, antes de poder contar con Su bendición. Sin embargo, ahora mismo pueden pedirle a Dios Sus bendiciones. Deben obtener el Espíritu de Cristo, para que les ayude en sus flaquezas; de otra manera no podrán resistir el mal. El Señor Jesús se complace en que vayamos a Él como somos: pecaminosos, sin fuerza, necesitados. Podemos ir con toda nuestra debilidad, insensatez y maldad, y caer arrepentidos a Sus pies. Es Su gloria estrecharnos en los brazos de Su amor, vendar nuestras heridas y limpiarnos de toda impureza.

Miles de personas se equivocan en esto; no creen que el Señor Jesús los perdona personal ni individualmente. No creen al pie de la letra lo que Dios dice. Es el privilegio de todos los que llenan las condiciones, saber por si mismos que el perdón de todo pecado es gratuito. Separa de ti la sospecha de que las promesas de Dios no son para ti. Son para todo pecador arrepentido. Cristo ha provisto fuerza y gracia para que los ángeles ministradores se las comuniquen a toda alma creyente. Nadie es tan malvado que no pueda hallar fuerza, pureza y justicia en Jesús, quien murió por nosotros. Él está esperando para quitarnos las vestiduras manchadas y contaminadas de pecado, y ponernos los mantos blancos de la justicia; nos ordena vivir y no morir.

Dios no nos trata como los hombres se tratan entre sí. Los pensamientos de Dios son pensamientos de misericordia, de amor y de la más tierna compasión. El dice: "Deje el impío su camino, y el hombre inicuo sus pensamientos, y vuélvase a Jehová, el cual tendrá compasión de él, y a nuestro Dios, el cual será amplio en perdonar." "Yo deshice como una densa nube tus rebeliones, y como niebla tus pecados." Isaías 55:7; 44:22.

"Pues Yo no me complazco en la muerte del que muere, dice Jehová el Señor, convertíos, pues, y vivid." Ezequiel 18:32. Satanás está listo para quitarnos las benditas promesas que Dios nos da. Desea privar el alma de toda vislumbre de esperanza y de todo rayo de luz; pero no lo debemos permitir. No prestemos oído al tentador. Tenemos que decirle: "Jesús murió para que yo viva. Me ama y no quiere que perezca. Tengo un Padre celestial compasivo; y aunque he abusado de Su amor, aunque he disipado las bendiciones que me ha dado, "me levantaré e iré a mi Padre, y le diré: 'Padre, he pecado contra el cielo y ante Tí. Ya no soy digno de ser llamado hijo Tuyo; hazme como a uno de Tus jornaleros.'" En la parábola vemos como será recibido el extraviado: *"Y cuando aún estaba lejos,* lo vio su padre, y fue movido a compasión, y corrió, y se echó sobre su cuello, y le besó efusivamente." Lucas 15:18-20.

Pero ni aún esta parábola tan conmovedora alcanza a expresar la compasión de nuestro Padre celestial. El Señor declara por Su profeta: "Con amor eterno Te he amado

por tanto, Te he atraído a Mí con Mi gracia." Jeremías
31:3. Mientras el pecador está todavía lejos de la casa de
Su Padre desperdiciando su herencia en un país extranjero,
el corazón del Padre, lleno de un deseo ardiente, se
compadece de él. Todo anhelo de volver a Dios que se
despierte en el alma, no es sino una tierna súplica del
Espíritu, que insta, ruega y atrae al extraviado al seno
amantísimo de Su Padre.

Teniendo promesas bíblicas tan preciosas delante de
ti, ¿puedes dar lugar a la duda? ¿Puedes creer que cuándo el
pobre pecador desea volver y abandonar sus pecados, el
Señor cruelmente le impide que venga arrepentido a Sus
pies? ¡Rechaza tales pensamientos! Nada puede perjudicar
más a tu propia alma que tener ese concepto de tu Padre
celestial. Él aborrece el pecado, pero ama al pecador. Se
dio en la persona de Cristo para que todos los que quieran
puedan ser salvos y gozar de Sus bendiciones en el reino
de gloria. ¿Qué lenguaje más tierno o más poderoso
podría haberse empleado para expresar Su amor hacia
nosotros? Nos dice: "¿Se olvidará la mujer de su niño de
pecho, para dejar de compadecerse del hijo de su vientre?
Pues aunque éstas lleguen a olvidar, Yo nunca me olvidaré
de ti." Isaías 49:15.

Miren a lo alto, aquellos que dudan y tiemblan,
porque el Señor Jesús vive para interceder por nosotros.
Agradezcan a Dios por el don de Su Hijo amado, y pidan
que no haya muerto en vano por nosotros. Su Espíritu
nos invita hoy. Vayamos de todo corazón a Jesús y
roguemos por Sus bendiciones.

Cuando leas las promesas de Dios, recuerda que son la
expresión de un amor y una piedad inefable. El gran
corazón de Amor infinito se siente atraído hacia el pecador
por una compasión ilimitada. "En quién tenemos
redención por medio de Su sangre, el perdón de pecados
según las riquezas de Su gracia." Efesios 1:7. Cree tan
sólo que Dios te ayudará. Él quiere restaurar la imagen de
Su moral en el hombre. Acércate a Él expresándole tu
confesión y arrepentimiento, y Él se acercará a ti con
misericordia y perdón.

La Prueba Decisiva

"DE MODO QUE si alguno está en Cristo, nueva criatura es; las cosas viejas pasaron; he aquí, todas son hechas nuevas." 2 Corintios 5:17.

Es posible que una persona no sepa exactamente el momento y lugar de su conversión. Tal vez no pueda señalar la serie de circunstancias que le llevaron a ese momento; pero ésto no prueba que no se haya convertido. Cristo dijo a Nicodemo: "El viento sopla dónde quiere, y oyes su sonido; pero no sabes de dónde viene, ni adónde va; así es todo aquél que es nacido del Espíritu." Juan 3:8. El viento es invisible pero se ven y se sienten claramente sus efectos; así también obra el Espíritu de Dios en el corazón humano. El poder regenerador, que ningún ojo humano puede ver, engendra una vida nueva en el alma y crea un nuevo ser conforme a la imagen de Dios.

Mientras que el trabajo del Espíritu es silencioso e imperceptible, Sus efectos se hacen ver. Si el corazón ha sido renovado por el Espíritu de Dios, la vida revelará ese hecho. Como no podemos hacer cosa alguna para cambiar nuestro corazón, ni para ponernos en armonía con Dios; como no debemos confiar en nosotros mismos para nada ni en nuestras buenas obras, nuestra vida demostrará si la gracia de Dios vive dentro de nosotros. Se notará un cambio en el carácter, en las costumbres y los deseos. El contraste entre lo que eran antes y lo que son ahora será muy claro e inequívoco. El carácter se da a conocer, no por las obras buenas o malas que de vez en cuando se ejecuten, sino por la tendencia de las palabras y de los actos en la vida diaria.

Es cierto que por fuera puede haber una conducta correcta sin el poder renovador de Cristo. El amor a la influencia y el deseo de ser estimados por los demás pueden producir una vida bien ordenada. El amor propio puede impulsarnos a evitar las apariencias de mal. Un corazón egoísta puede realizar actos de generosidad. ¿De qué medio nos valdremos, entonces, para saber de parte de quién estamos?

¿Quién posee nuestro corazón? ¿Con quién están nuestros pensamientos? ¿De quién nos gusta hablar? ¿Para quién son nuestros más ardientes afectos y nuestras mejores energías? Si somos de Cristo, nuestros pensamientos están con Él y le dedicamos nuestros más gratos momentos. Todo lo que tenemos y somos se lo hemos consagrado. Deseamos ser semejantes a Él, tener Su Espíritu, hacer Su voluntad y agradarle en todo momento.

Los que llegan a ser nuevas criaturas en Cristo Jesús producen los frutos de Su Espíritu: "amor, gozo, paz, paciencia, benignidad, bondad, fidelidad, mansedumbre, dominio propio." Gálatas 5:22, 23. Ya no se conforman con los deseos anteriores, sino que por fe siguen las pisadas del Hijo de Dios, reflejando Su carácter y purificándose a sí mismos como Él es puro. Ahora quieren las cosas que en un tiempo aborrecían, y aborrecen las cosas que en otro tiempo deseaban. El que era orgulloso y dominante es ahora manso y humilde de corazón. El que antes era vanidoso y altanero, es ahora serio y discreto. El que antes era un borracho, es ahora sobrio, y el que era libertino, es ahora puro. Han dejado las costumbres y modas vanas del mundo. Los Cristianos no buscan el adorno "externo . . . sino el ser interior de la persona; en el incorruptible ornato de un espíritu manso y apacible, que es de gran valor delante de Dios." 1 Pedro 3:3, 4.

Si no hay reforma en la vida, es evidente que no hay un sincero arrepentimiento. Si el pecador restituye la prenda, devuelve lo que haya robado, ama a Dios y a su prójimo, y confiesa sus pecados, puede estar seguro de que pasó de la muerte a la vida.

Cuando vamos a Cristo como seres errantes y pecaminosos, y nos hacemos participantes de Su gracia indulgente, el amor brota en nuestro corazón. Toda carga resulta liviana, porque el yugo de Cristo es fácil. Nuestros deberes se vuelven delicias y los sacrificios un placer. El sendero que antes nos parecía cubierto de tinieblas, ahora brilla con los rayos del Sol de rectitud.

La belleza del carácter de Cristo ha de verse en los que le siguen. Él se deleitaba en hacer la voluntad de Dios. El poder que controlaba la vida de nuestro Salvador era el amor a Dios y el celo por Su gloria. El amor embellecía todas Sus acciones. El amor es de Dios; el corazón que no ha sido consagrado no puede producir ni originar ese amor. Se encuentra solamente en el corazón donde Cristo reina. "Nosotros le amamos a Él, porque Él nos amó primero." 1 Juan 4:19. En el corazón regenerado por la gracia divina, el amor es el motivo de las acciones. Modifica el carácter, gobierna los impulsos, restringe las pasiones, subyuga la enemistad y ennoblece los afectos. Este amor preservado en el alma, endulza la vida y derrama una influencia purificadora sobre todos los que están en derredor.

Hay dos errores contra los cuales los hijos de Dios deben guardarse en forma especial, particularmente los que apenas han comenzado a confiar en Su gracia. El primero, del cual ya hemos hablado, es el de fijarnos en nuestras propias obras, confiando que podemos hacer algo para ponernos en armonía con Dios. El que intenta llegar a ser santo mediante sus esfuerzos para observar la ley, intenta un imposible. Todo lo que el hombre puede hacer sin Cristo está contaminado de egoísmo y pecado. Sólo la gracia de Cristo, por medio de la fe, puede hacernos santos.

El error opuesto y no menos peligroso consiste en sostener que la fe en Cristo nos libera de guardar la ley de Dios, y que en vista de que sólo por la fe llegamos a ser participantes de la gracia de Cristo, nuestras obras no tienen nada que ver con nuestra redención.

Si se fijan podrán ver que la obediencia no es sólo un cumplimiento externo, sino un servicio de amor. La ley de Dios es una expresión de la misma naturaleza de Su

Autor; es la personificación del gran principio del amor, y
es el fundamento de Su gobierno en los cielos y en la
tierra. Si nuestros corazones están renovados a semejanza
de Dios, si el amor divino está implantado en nuestra
alma, ¿no se cumplirá la ley de Dios en nuestra vida?
Cuando el amor es implantado en el corazón, cuando el
hombre es renovado a la imagen de Aquél que lo creó, se
cumple en él la promesa del nuevo pacto: "Pondré Mis
leyes en sus corazones, y las inscribiré en sus mentes."
Hebreos 10:16. Y si la ley está escrita en el corazón, ¿no
será el modelo para nuestra vida? La obediencia, es decir
el servicio y la lealtad que se rinde por amor, es la
verdadera prueba del discipulado. Por esto dice la
Escritura: "Pues éste es el amor de Dios, que guardemos
Sus mandamientos." "El que dice: Yo he llegado a
conocerle, y no guarda Sus mandamientos, es un
mentiroso, y la verdad no está en él." 1 Juan 5:3; 2:4.
En vez de excluir al hombre de la obediencia, únicamente
la fe nos hace participantes de la gracia de Cristo, y nos
hace capaces de obedecer.

No ganamos la salvación con nuestra obediencia;
porque la salvación es el don gratuito de Dios, que se
recibe por medio de la fe. Pero la obediencia es el fruto de
la fe. "Y sabéis que Él se manifestó para quitar nuestros
pecados, y no hay pecado en Él. Todo aquél que
permanece en Él, no continúa pecando; todo aquél que
continúa pecando, no le ha visto, ni le ha conocido." 1
Juan 3:5-6. He aquí la verdadera prueba. Si vivimos en
Cristo, si el amor de Dios está en nosotros, nuestros
sentimientos, nuestros pensamientos, nuestras acciones,
estarán en armonía con la voluntad de Dios, según se
expresa en los preceptos de Su santa ley. "Hijitos, nadie
os engañe; el que practica la justicia es justo, como Él es
justo." 1 Juan 3:7. La justicia se define por la norma de
la santa ley de Dios, expresada en los Diez Mandamientos
dados en el Sinaí.

La así llamada fe en Cristo que, según se sostiene,
libera a los hombres de la obligación de obedecer a Dios,
no es fe, sino presunción. "Porque por gracia habéis sido
salvados por medio de la fe." Más "la fe, si no tiene

obras, está muerta en sí misma." Efesios 2:8; Santiago 2:17. El Señor Jesús dijo de Sí mismo antes de venir al mundo: "El hacer Tu voluntad, Dios Mío, Me ha agradado, y Tu ley está en medio de Mi corazón." Salmos 40:8. Y cuando estaba por ascender de nuevo al cielo, dijo: "Yo he guardado los mandamientos de Mi Padre, y permanezco en Su amor." Juan 15:10. La Escritura afirma: "Y en esto sabemos que hemos llegado a conocerle: si guardamos Sus mandamientos . . . . El que dice que permanece en Él, debe andar como Él anduvo." 1 Juan 2:3, 6. "Porque también Cristo padeció por vosotros, dejándonos ejemplo, para que sigáis Sus pisadas." 1 Pedro 2:21.

La condición para alcanzar la vida eterna es ahora exactamente la misma de siempre, — tal cuál era en el Paraíso antes de la caída de nuestros primeros padres, — la perfecta obediencia a la ley de Dios, la rectitud perfecta. Si la vida eterna fuese dada con alguna condición inferior a ésta, la felicidad de todo el universo estaría en peligro. Se abrirían las puertas al pecado con todo su dolor y miseria para siempre.

Antes que Adán cayese, le era posible desarrollar un carácter justo por obediencia a la ley de Dios. Pero no lo hizo, y por causa de su caída tenemos una naturaleza pecaminosa y no podemos hacernos justos a nosotros mismos. Puesto que somos pecadores y malvados, no podemos obedecer perfectamente una ley santa. No tenemos rectitud propia con que cumplir lo que la ley de Dios exige.

Pero Cristo nos preparó una vía de escape. Vivió en esta tierra en medio de pruebas y tentaciones como las que nosotros tenemos que encontrar. Sin embargo, Su vida fue impecable. Murió por nosotros, y ahora ofrece quitarnos nuestros pecados y vestirnos de Su justicia. Si te entregas a Él y le aceptas como tu Salvador, por pecaminosa que haya sido tu vida, serás contado entre los justos. El carácter de Cristo reemplaza al tuyo, y eres aceptado por Dios como si no hubieras pecado.

Más aún, Cristo cambia el corazón, y habita en el tuyo por la fe. Debes mantener esta comunión con Cristo por medio de una sumisión continua de tu voluntad a Él. Mientras lo hagas, Él obrará en ti para que quieras y hagas conforme a Sus deseos. Así podrás decir: "Con Cristo estoy juntamente crucificado, y ya no vivo yo, sino que Cristo vive en mí; y lo que ahora vivo en la carne, lo vivo en la fe del Hijo de Dios, el cual me amó y se entregó a Sí mismo por mí." Gálatas 2:20. Así dijo el Señor Jesús a Sus discípulos: "Porque no sois vosotros los que habláis, sino el Espíritu de vuestro Padre el que habla en vosotros." Mateo 10:20. De modo que si Cristo obra en tí, manifestarás el mismo espíritu y harás las mismas obras que Él: obras de justicia y obediencia.

Así que no hay en nosotros mismos cosa alguna de que jactarnos. No tenemos motivo para alabarnos. El único fundamento de nuestra esperanza es la rectitud de Cristo, que nos es imputada y la que produce Su Espíritu a obrar en nosotros y por nosotros.

Cuando hablamos de la fe debemos tener siempre presente una distinción. Hay una clase de creencia enteramente distinta de la fe. La existencia y el poder de Dios, la verdad de Su Palabra, son hechos que aun Satanás y sus ejércitos no pueden negar en lo íntimo de su corazón. La Escritura dice que "También los demonios lo creen, y tiemblan." Santiago 2:19. Pero esto no es fe. Donde no sólo existe una creencia en la Palabra de Dios, sino que la voluntad se somete a Él; donde se le entrega el corazón y los afectos se acercan a Él, allí hay fe, una fe que obra por el amor y purifica el alma. Por medio de esta fe el corazón se renueva conforme a la imagen de Dios. El corazón que en su estado pecaminoso no está sujeto a la ley de Dios, ni tampoco podía, ahora se deleita en sus santos preceptos y exclama con el salmista: "¡Oh, cuánto amo yo Tu ley! Todo el día es ella mi meditación." Salmos 119:97. Entonces la rectitud de la ley se cumple en nosotros, los "que no están andando conforme a la carne, sino conforme al Espíritu." Romanos 8:1.

Hay algunos que han conocido el amor indulgente de Cristo y desean realmente ser hijos de Dios; pero reconocen que su carácter es imperfecto y su vida esta llena de faltas, y están dispuestos a dudar si sus corazones han sido regenerados por el Espíritu Santo. A tales personas quiero decirles que no cedan a la tentación. A menudo tenemos que postrarnos y llorar a los pies de Jesús por causa de nuestras culpas y errores; pero no debemos desanimarnos. Aún si somos vencidos por el enemigo, no somos desechados ni abandonados por Dios. No, Cristo está a la diestra del Padre, e intercede por nosotros. Dice el discípulo Juan: "Os escribo estas cosas para que no pequéis; y si alguno peca, abogado tenemos para con el Padre, Jesucristo el justo." 1 Juan 2:1. Y no olviden las palabras de Cristo: "Pues el Padre mismo os ama." Juan 16:27. Él desea reconciliarse contigo. Quiere ver Su pureza y santidad reflejadas en tí. Si tan sólo estás dispuesto a entregarte a Él, Él que comenzó en ti la buena obra, la perfeccionará hasta el día de nuestro Señor Jesucristo. Ora con más fervor; cree más implícitamente. Cuando lleguemos a desconfiar de nuestra propia fuerza, confiaremos en el poder de nuestro Redentor y alabaremos a Aquél que es la salud de nuestro rostro.

Cuanto más cerca estés de Jesús, más imperfecto te encontrarás; porque verás más claramente tus defectos a la luz de Su naturaleza perfecta. Esta es una señal buena de que los engaños de Satanás han perdido su poder, y de que el Espíritu de Dios te está despertando.

No puede existir un amor profundo hacia el Señor Jesús en el corazón que no comprende su propia perversidad. El alma transformada por la gracia de Cristo admirará el divino carácter de Él; pero cuando no vemos nuestra propia deformidad moral damos prueba inequívoca de que no hemos visto la belleza y excelencia de Cristo.

Mientras menos cosas que sean dignas de estimación veamos en nosotros, más encontraremos que apreciar en la pureza y santidad de nuestro Salvador. Una percepción de nuestra pecaminosidad nos llevará hacia Aquél que puede perdonarnos, y cuando realicemos nuestro desamparo, nos animaremos para seguir a Cristo, y Él se nos revelará con poder. Cuanto más nos impulse hacia Él y hacia la Palabra de Dios nuestra necesidad, tanto más elevada será nuestra visión del carácter de nuestro Redentor y con tanta mayor plenitud reflejaremos Su imagen.

CAPÍTULO 8

El Crecimiento Cristiano

EN LA ESCRITURA se llama nacimiento al cambio de corazón por el cual somos hechos hijos de Dios. Se lo compara con la germinación de la buena semilla sembrada por el labrador. Igualmente se habla de los recién convertidos a Cristo como "niños recién nacidos," que deben ir creciendo hasta llegar a la estatura de hombres en Cristo Jesús. 1 Pedro 2:2; Efesios 4:15. Como la buena semilla en el campo, tienen que crecer y dar fruto. Isaías dice que serán "llamados árboles de justicia, plantío de Jehová, para gloria Suya." Isaías 61:3. Así pues, se sacan ilustraciones del mundo natural para ayudarnos a entender mejor esas verdades misteriosas de la vida espiritual.

Toda la sabiduría e inteligencia de los hombres no puede dar vida al objeto más pequeño de la naturaleza. Solamente por la vida que Dios mismo les ha dado pueden vivir las plantas y los animales. De igual modo es sólo mediante la vida de Dios, que es engendrada la vida espiritual en el corazón de los hombres. Si el hombre no "nace de nuevo" no puede ser hecho participante de la vida que Cristo vino a dar. Juan 3:3.

Como sucede en la vida, sucede con el crecimiento. Dios es el que hace florecer el capullo y hace a las flores dar fruto. Su poder es el que hace a la semilla desarrollarse "primero el tallo, luego la espiga, después grano abundante en la espiga." Marcos 4:28. Oseas, el profeta, nos dice que Israel "florecerá como lirio . . . Volverán a hacer crecer el trigo, y florecerán como la vid." Oseas 14:5, 7. Y el Señor Jesús dice: "Considerad los lirios, cómo crecen." Lucas 12:27. Las plantas y las flores no crecen por su propio cuidado, solicitud o esfuerzo, sino porque reciben lo que Dios ha proporcionado para favorecer su vida. El niño no puede por su afán o poder propio añadir algo a su estatura. Ni tú puedes por tu solicitud o esfuerzo conseguir el crecimiento espiritual. La planta y el niño crecen al recibir de sus alrededores aquéllo que sostiene su vida: el aire, el sol, y el alimento. Lo que son estos dones de la naturaleza para los animales y las plantas, llega ser Cristo para los que confían en Él. Él es su "luz perpetua," "sol y escudo." Isaías 60:19; Salmos 84:11. Será a "Israel como rocío." Oseas 14:5. "Descenderá como la lluvia sobre la hierba cortada." Salmos 72:6. Él es el agua viva, "el pan de Dios . . . que descendió del cielo y da vida al mundo." Juan 6:33.

En el don incomparable de Su Hijo, Dios rodeó al mundo entero con una atmósfera de gracia tan real como el aire que circula en derredor del globo. Todos los que decidan respirar ésta atmósfera que renueva la vida, crecerán y vivirán hasta alcanzar la estatura de hombres y mujeres en Cristo Jesús.

Como la flor se vuelve hacia el sol para que los rayos le ayuden a perfeccionar su belleza y simetría, así debemos volvernos hacia el Sol de justicia, a fin de que Su luz celestial brille sobre nosotros y nuestro carácter se transforme a la imagen de Cristo.

El Señor Jesús enseña la misma cosa cuando dice: "Permaneced en Mí, y Yo en vosotros. Como el pámpano no puede llevar fruto por sí mismo, si no permanece en la vid, así tampoco vosotros, si no permanecéis en Mí . . . . Porque separados de Mí, nada podéis hacer." Juan 15:4, 5. Como la rama depende del tronco principal para su crecimiento y para dar fruto, así también tú necesitas la ayuda de Cristo para poder vivir una vida santa. Fuera de Él no tienes vida. No hay poder en ti para resistir las tentaciones o para crecer en gracia o en santidad. Viviendo en Él, puedes florecer. Recibiendo tu vida de Él, no te marchitarás ni serás estéril. Serás como el árbol plantado junto a corrientes de aguas.

Muchos tienen la idea de que deben hacer alguna parte

de la obra solos. Confiaron en Cristo para obtener el
perdón de sus pecados, pero ahora desean vivir rectamente
por sus propios medios. Pero todo este esfuerzo fracasará.
El Señor Jesús dice: "Porque separados de Mí, nada podéis
hacer." Nuestro aumento en gracia, nuestra felicidad,
nuestra utilidad, todo depende de nuestra unión con Cristo.
Estando en comunión con Él diariamente y permaneciendo
en Él cada hora es como únicamente hemos de crecer en la
gracia. Él no es solamente el autor de nuestra fe sino
también su consumidor. Ocupa el primer lugar y el
último. Estará con nosotros en cada paso del camino y no
sólo al principio y al fin de nuestra carrera. David dice:
"A Jehová he puesto siempre delante de mí; porque está a
mi diestra, no seré zarandeado." Salmos 16:8.

Has hecho la pregunta: "¿Cómo permaneceremos en
Cristo?" Pues del mismo modo en que le recibiste al
principio. "Por tanto, de la manera que recibisteis al
Señor Jesucristo, andad así en Él." Colosenses 2:6. "Mas
el justo vivirá por fe." Hebreos 10:38. Te entregaste a
Dios para ser Suyo completamente, para obedecerle y
servirle, y aceptaste a Cristo como tu Salvador. No
podías por tí mismo expiar tus pecados o cambiar tu
corazón; pero entregaste todo a Dios y creíste que por
causa de Cristo el Señor hizo todo esto por tí. Por fe
llegaste a ser de Cristo, y por fe tienes que crecer en Él,
dando y recibiendo. Tienes que darle todo: el corazón, la
vida, la voluntad, darte a Él para obedecerle en todo lo que
Te pida; y debes recibirlo todo: a Cristo, la plenitud de
toda bendición, para que viva en tu corazón, sea tu fuerza,
tu eterno ayudante, tu justicia, y te dé poder para obedecer.

Que sea tu primera obra consagrarte a Dios todas las
mañanas. Que sea tu oración: "Tómame ¡oh Señor!
como enteramente Tuyo. Pongo todos mis planes a Tus
pies. Haz uso de mi en Tu servicio. Vive en mí y que
sea toda mi obra hecha en Tí." Este es un requerimiento
diario. Cada mañana, consagrate a Dios por ese día.
Encomienda todos tus planes a Él, para ponerlos en
práctica o abandonarlos, según te lo indique Su
providencia. Así podrás poner cada día tu vida en las
manos de Dios, y ella será cada vez más semejante a la de

Cristo.

La vida en Cristo es una vida de reposo. Tal vez no haya un estado exaltado en los sentimientos, pero habrá una confianza continua y apacible. Tu esperanza no es en tí mismo, sino en Cristo. Tu debilidad está unida a Su fuerza, tu fragilidad a Su eterno poder y tu ignorancia a Su sabiduría. Así que no has de mirar a tí mismo ni depender de tí mismo, pero mira a Cristo. Piensa en Su amor, en la belleza y perfección de Su carácter. Cristo en Su abnegación, Cristo en Su humillación, Cristo en Su santidad y pureza, Cristo en Su incomparable amor: tal es el tema que debe contemplar el alma. Amándole, imitándole, dependiendo enteramente de Él, es como serás transformado a Su semejanza.

Jesús nos dice: "Permaneced en Mí." Estas palabras expresan una idea de estabilidad, confianza, descanso. También nos invita: "Venid a Mí . . . y Yo os haré descansar." Mateo 11:28. Estas palabras del salmista indican el mismo pensamiento: "Guarda silencio ante Jehová, y espera en Él." Salmos 37:7. E Isaías asegura que "en quietud y en confianza será vuestra fortaleza." Isaías 30:15. Este descanso no se obtiene en la inactividad; porque en la invitación del Salvador la promesa de descanso va unida a una llamada al trabajo: "Llevad Mi yugo sobre vosotros, y aprended de Mí . . . y hallaréis descanso para vuestras almas." Mateo 11:29. El corazón que descansa totalmente en Cristo es el más ardiente y activo en el trabajo para Él.

Cuando pensamos mucho en nosotros mismos, nos alejamos de Cristo, la fuente de la fortaleza y la vida. Por esto Satanás se esfuerza constantemente por mantener la atención apartada del Salvador, a fin de impedir la unión y comunión del alma con Cristo. Los placeres del mundo, las perplejidades, los cuidados y tristezas de la vida, así como de nuestras propias faltas e imperfecciones, o de las ajenas, procuran desviar nuestra atención hacia todas estas cosas, o hacia alguna de ellas. No nos dejemos engañar por las maquinaciones de Satanás. Con demasiada frecuencia logra que muchos, realmente concienzudos y deseosos de vivir para Dios, se detengan en sus propios

defectos y debilidades, y así logra obtener la victoria
separándolos de Cristo. No debemos hacer de nuestro "yo"
el centro de nuestros pensamientos, ni alimentar ansiedad
ni temor acerca de si seremos salvos o no. Todo esto
desvía el alma de la Fuente de nuestra fortaleza. Debemos
encomendar la custodia de nuestra alma a Dios, y confiar
en Él. Hablemos de Jesucristo y pensemos en Él. Que
se pierda en Él nuestra personalidad. Echa toda duda y
temor lejos de tí. Digamos cómo el apóstol Pablo: "Y ya
no vivo yo, sino que Cristo vive en mí; y lo que ahora
vivo en la carne, lo vivo en la fe del Hijo de Dios, el cuál
me amó y se entregó a Sí mismo por mí." Gálatas 2:20.
Descansemos en Dios. Él puede guardar lo que le hemos
confiado. Si nos ponemos en Sus manos, nos hará más
que vencedores por medio de Aquél que nos amó.

Cuando Cristo tomó nuestra naturaleza, unió a la
humanidad consigo mismo mediante un lazo que ningún
poder es capaz de romper, excepto por la decisión del
hombre mismo. Satanás nos presenta de continuo
incentivos para inducirnos a romper ese lazo, a tomar la
decisión de separarnos de Cristo. Necesitamos velar,
atentamente, luchar y orar, para que nada pueda inducirnos
a elegir otro maestro; pues estamos siempre libres para
hacer esto. Mantengamos los ojos fijos en Cristo, y Él
nos protegerá. Confiando en Jesús, estamos seguros.
Nada puede arrebatarnos de Sus manos. Si contemplamos
constantemente a Jesús, "vamos siendo transformados de
gloria en gloria a la misma imagen, como por la acción
del Señor, del Espíritu." 2 Corintios 3:18.

Así fué como los primeros discípulos llegaron a ser
semejantes a Su amado Salvador. Cuando aquellos
discípulos oyeron las palabras de Jesús, sintieron la
necesidad de ser igual a Él. Lo buscaron, lo encontraron,
y lo siguieron. Estaban con Él en la casa, a la mesa, en
los lugares apartados, en el campo. Le acompañaban
como discípulos a Su maestro, diariamente, recibiendo de
Sus labios lecciones de santa verdad. Lo miraban como
los siervos a su señor, para saber cuales eran sus deberes.
Aquellos discípulos eran hombres sujetos "de sentimientos
semejantes a los nuestros." Santiago 5:18. Tenían que

reñir la misma batalla con el pecado. Necesitaban la misma gracia para poder vivir una vida santa.

Aún Juan, el discípulo amado, el que reflejó más plenamente la imagen ·del Salvador, no poseía por naturaleza esa belleza de carácter. No sólo hacía valer sus derechos y era ambicioso de honores, sino que era impetuoso y se resentía bajo las injurias. Sin embargo, cuando se le manifestó el carácter divino de Cristo, vio sus defectos y éste conocimiento le humilló. La fortaleza y el poder, la paciencia y la ternura, la majestad y la mansedumbre que vio en la vida diaria del Hijo de Dios, llenaron su alma de admiración y amor. Día a día su corazón era atraído hacia Cristo, hasta que en su amor por su Maestro se perdió de vista a sí mismo. Su carácter rencoroso y ambicioso cedió al poder transformador de Cristo. La influencia regeneradora del Espíritu Santo renovó su corazón. El poder del amor de Cristo transformó su carácter. Tal es el resultado de la unión con Jesús. Cuando Cristo mora en el corazón, la naturaleza entera se transforma. El Espíritu de Cristo y Su amor enternecen el corazón, subyugan el alma, y elevan los pensamientos y deseos a Dios y al cielo.

Cuando Cristo ascendió a los cielos, el sentido de Su presencia permaneció con Sus discípulos. Era una presencia personal, llena de amor y luz. Jesús, el Salvador que había caminado, conversado y orado con ellos, que había dirigido a sus corazones palabras de esperanza y consuelo, había sido llevado de su lado al cielo mientras les comunicaba un mensaje de paz, y los acentos de Su voz: "He aquí que Yo estoy con vosotros todos los días, hasta el fin del mundo," les llegaban todavía cuando una nube de ángeles lo recibió. Mateo 28:20. Había ascendido en forma humana, y ellos sabían que estaba delante del trono de Dios como Amigo y Salvador, que Sus simpatías no habían cambiado y que seguía identificado con la humanidad doliente. Él presentaba delante de Dios los méritos de Su sangre preciosa, mostrándole Sus manos y Sus pies heridos, para recordar el precio que había pagado por Sus redimidos. Sabían que había ascendido al cielo para prepararles un lugar y que regresaría para llevarlos consigo.

Al reunirse después de la ascensión, estaban ansiosos de presentar sus peticiones al Padre en el nombre de Jesús. Con solemne reverencia se postraron en oración repitiendo la promesa: "Todo cuanto pidáis al Padre en Mi nombre, os lo dará. Hasta ahora, nada habéis pedido en Mi nombre; pedid, y recibiréis, para que vuestro gozo esté completo." Juan 16:23, 24. Extendieron cada vez más alto la mano de la fe y presentaron este poderoso argumento: "Cristo es el que murió; más aún, el que también resucitó, el que además está a la diestra de Dios, el que también intercede por nosotros." Romanos 8:34. Y el día de Pentecostés les trajo a ellos la presencia del Consolador, de quien Cristo había dicho: "Estará en vosotros." Juan 14:17. Y además les dijo: "Os conviene que Yo me vaya; porque si no me fuese, el Consolador no vendría a vosotros; más si Me voy, os los enviaré." Juan 16:7. Desde entonces, mediante el Espíritu Santo, Cristo iba a morar continuamente en el corazón de Sus hijos. Su unión con ellos sería más fuerte que cuando estaba personalmente con ellos. La luz, el amor y el poder de la presencia de Cristo resplandecían de tal manera que los hombres, al mirarlos, "se maravillaban; y les reconocían que habían estado con Jesús." Hechos 4:13.

Todo lo que Cristo fue para Sus primeros discípulos desea serlo para Sus hijos hoy, pues en Su última oración, estando junto al pequeño grupo reunido en derredor Suyo, dijo: "Más no ruego solamente por éstos, sino también por los que han de creer en Mí por medio de la palabra de ellos." Juan 17:20. Oró por nosotros y pidió que fuésemos uno con Él, como Él es uno con el Padre. ¡Que unión tan maravillosa! El Salvador había dicho de Sí mismo: "No puede el Hijo hacer nada por Su cuenta." Juan 5:19. Y también dijo: "El Padre que mora en Mí, Él hace las obras." Juan 14:10. Si Cristo está en nuestro corazón, obrará en nosotros "el querer como el hacer, por Su buena voluntad." Filipenses 2:13. Obraremos como Él obró. Manifestaremos el mismo espíritu. Amándole y viviendo en Él, creceremos "en todo hacia aquél que es la cabeza, esto es, Cristo." Efesios 4:15.

CAPÍTULO 9

"Dar" Significa "Vivir"

DIOS ES LA FUENTE de vida, luz y gozo para el universo. Las bendiciones descienden de Él a todas Sus criaturas como los rayos de la luz del sol, como las corrientes de agua que brotan de un manantial. Dondequiera que la vida de Dios esté en el corazón de los hombres, inundará a otros de amor y bendición.

La felicidad de nuestro Salvador estaba en levantar y redimir a los hombres caídos. Para lograr este fin no consideró Su vida como cosa preciosa, sino que sufrió la cruz y menospreció la ignominia. También los ángeles se dedican siempre a trabajar por la felicidad de otros. Esto constituye su gozo. Los corazones egoístas considerarían degradante servir a los desafortunados y a aquellos inferiores a ellos mismos en carácter y jerarquía, pero ésta es la obra de los ángeles exentos de pecado. El espíritu que llena los cielos es el espíritu de amor y abnegación que manifiesta Cristo, y es la esencia de Su gloria. Es el espíritu que poseerán los discípulos de Cristo y la obra que harán.

Así como una dulce fragancia, el amor de Cristo en el corazón no puede ocultarse. Su bendita influencia será sentida por todos aquellos con quienes nos relacionemos. El espíritu de Cristo en el corazón es como un manantial en un desierto, que se derrama para refrescarlo todo y despierta deseos de beber del agua de la vida en los que ya están por perecer.

El amor a Jesús se manifestará por el deseo de trabajar como Él trabajó. Desearemos beneficiar y elevar a la humanidad. Nos inspirará amor, simpatía y ternura por

59

todos los seres que gozan del cuidado de nuestro Padre celestial.

La vida terrenal del Salvador no fue una vida de comodidad y devoción para sí, sino que Él trabajó con esfuerzo, fervoroso e infatigable por la salvación de la humanidad perdida. Desde el pesebre hasta el Calvario, siguió el camino de la abnegación y no procuró estar libre de tareas arduas y duros viajes, ni de trabajos y cuidados agotadores. Él dijo: "El Hijo del Hombre no vino para ser servido, sino para servir, y para dar Su vida en rescate por muchos." Mateo 20:28. Lo demás fue secundario y accesorio. Su comida y Su bebida consistió en hacer la voluntad de Su Padre y acabar Su obra. En ésta no hubo amor propio ni egoísmo.

De igual modo, los que tienen parte de la gracia de Cristo estarán dispuestos a hacer cualquier sacrificio para que los otros por quienes Él murió compartan el don celestial. Harán lo posible para que su paso por el mundo lo mejore. Este espíritu es el fruto seguro de un alma verdaderamente convertida. Tan pronto como uno acude a Cristo nace en el corazón un deseo de hacer saber a otros cuán precioso amigo encontró en Jesús. La verdad que salva y santifica no puede permanecer encerrada en el corazón. Si estamos revestidos de la justicia de Cristo y llenos de gozo por la presencia de Su Espíritu, no podremos guardar silencio. Si hemos probado y visto que el Señor es bueno, tendremos algo que decir a otros. Igual que ocurrió con Felipe cuando encontró al Salvador, invitaremos a otros a ir a Él. Procuraremos presentarles los atractivos de Cristo y las realidades invisibles del mundo venidero. Desearemos intensamente seguir por la senda que Jesús recorrió. Desearemos que quienes nos rodean puedan ver al "Cordero de Dios, que quita el pecado del mundo." Juan 1:29.

El esfuerzo por hacer bien a otros regresará en bendiciones para nosotros. Tal fué el propósito de Dios al darnos una parte que hacer en el plan de redención. Él le concedió a los hombres el privilegio de ser participantes de la naturaleza divina y, a su vez, de extender bendiciones a sus hermanos. Este es el honor más alto y el gozo más grande que Dios puede darle a los hombres. Los que de esta manera participan en trabajos de amor son los que más se acercan a su Creador.

Dios podría haberle confiado a los ángeles del cielo el mensaje del Evangelio y todo el ministerio de amor. Podría haber empleado otros medios para llevar a cabo Su propósito. Pero en Su amor infinito, junto con Cristo y los ángeles, quiso hacernos colaboradores con Él, para que compartiésemos la bendición, el gozo y la elevación espiritual que resultan de este abnegado ministerio.

Simpatizamos con Cristo mediante la comunión con Sus sufrimientos. Cada acto de sacrificio por el bien de los demás fortalece el espíritu de benevolencia en el corazón, y lo une más estrechamente con el Redentor del mundo, quien, "por amor a vosotros se hizo pobre, siendo rico, para que vosotros fueseis enriquecidos con Su pobreza." 2 Corintios 8:9. Y únicamente cuando cumplimos así el propósito que Dios tenía al crearnos, puede la vida ser una bendición para nosotros.

Si trabajas como Cristo quiere que Sus discípulos trabajen y ganen almas para Él, tendrás hambre y sed de justicia, y sentirás la necesidad de una experiencia más profunda y de un conocimiento más amplio de las cosas divinas. Intercederás con Dios y tu fe se fortalecerá; tu alma beberá en abundancia de la fuente de salvación. El encontrar oposición y pruebas te llevará a leer las Escrituras y a la oración. Crecerás en la gracia y en el conocimiento de Cristo y adquirirás una rica experiencia.

El trabajo desinteresado por otros da al carácter profundidad, firmeza y una amabilidad como la de Cristo; trae paz y felicidad al que posea tal carácter. Elevan las aspiraciones y no hay lugar para la pereza ni el egoísmo. Los que de ésta manera ejerciten las gracias Cristianas crecerán y llegaran a ser fuertes para trabajar en la obra del Señor. Tendrán claras percepciones espirituales, una fe firme y creciente y aumentará su poder en la oración. El Espíritu de Dios pone en juego las sagradas armonías del alma, en respuesta al toque divino. Los que dedican su vida de este modo, ejerciendo un esfuerzo por el bien de otros, están obrando su propia salvación.

La única forma de crecer en la gracia consiste en hacer desinteresadamente la obra que Cristo nos ordenó: dedicarnos, en la medida de nuestra capacidad, a ayudar y beneficiar a los que necesitan la ayuda que podemos darles. La fuerza se desarrolla con el ejercicio; la actividad es esencial en la vida. Los que se esfuerzan por mantener su vida Cristiana aceptando pasivamente las bendiciones comunicadas por los medios de gracia, sin hacer nada por Cristo, procuran sencillamente vivir comiendo pero sin trabajar. El resultado, tanto en el mundo espiritual como en el temporal, es siempre degeneración y decadencia. El hombre que rehusa ejercitar sus miembros no tardará en perder el uso de ellos. Así pues, el Cristiano que no ejercite las facultades que Dios le dio, no sólo dejará de crecer en Cristo sino que perderá la fuerza que tenía anteriormente.

La iglesia de Cristo es la agencia elegida por Dios para salvar a los hombres. Su misión es llevar el Evangelio al mundo y esta obligación reposa sobre todos los Cristianos. Todos nosotros, hasta donde lo permitan nuestros talentos y oportunidades, tenemos que cumplir las órdenes del Salvador. El amor de Cristo que nos ha sido revelado nos hace deudores de cuantos no lo conocen. Dios ha dado luz, no sólo para nosotros, sino para que la derramemos sobre ellos.

Si los discípulos de Cristo comprendiesen su deber, habría miles proclamando el Evangelio en las tierras paganas donde hoy hay uno. Y todos aquellos que no pudieran participar en la obra, la sostendrían con sus recursos, simpatías, y oraciones. Se trabajaría con más ardor por las almas en los países Cristianos.

No necesitamos ir a tierras de paganos – ni aun dejar el estrecho círculo del hogar, si allí es donde se encuentra nuestro deber – a fin de trabajar por Cristo. Podemos hacerlo en el seno del hogar, en la iglesia, entre aquellos con quienes nos asociamos y en nuestros negocios.

Nuestro Salvador pasó la mayor parte de Su vida terrenal trabajando pacientemente en la carpintería de Nazaret. Los ángeles ministradores acompañaban al Señor de la vida mientras caminaba con campesinos y labradores,

desconocido y sin honores. Fielmente cumplía Su misión
mientras trabajaba en Su humilde oficio como cuando
sanaba a los enfermos y andaba sobre las olas del mar de
Galilea. Así también nosotros, en los deberes más
humildes y en las posiciones más modestas de la vida,
podemos andar y trabajar con Jesús.

El apóstol dice: "Cada uno, hermanos, en el estado en
que fue llamado, así permanezca para con Dios." 1
Corintios 7:24. El hombre de negocios puede dirigir sus
asuntos de un modo que glorifique a su Maestro. Si es un
verdadero discípulo de Cristo, pondrá en práctica su
religión en todo lo que haga y manifestará a los hombres
el espíritu de Cristo. El artesano puede ser un diligente y
fiel representante de Aquél que trabajó humildemente en
las colinas de Galilea. Todo aquél que lleva el nombre de
Cristo debe obrar de tal modo que otros, viendo sus buenas
obras, puedan llegar a glorificar a su Creador y Redentor.

Muchos se excusan de poner sus dones al servicio de
Jesús porque otros poseen mejores dotes y aptitudes.
Predomina la opinión de que sólo los que están
especialmente dotados tienen que consagrar sus habilidades
al servicio de Dios. Muchos han entendido que solamente
cierta clase favorecida recibe talentos, excluyendo a los
demás quien por supuesto no son llamados a participar de
las tareas ni de las recompensas. Pero esta no es la
enseñanza de la parábola. Cuando el Señor de la casa
llamó a sus siervos, dio a cada uno *su* trabajo.

Podemos ejecutar los deberes más humildes de la vida
con un espíritu de amor, "como para el Señor."
Colosenses 3:23. Si tenemos el amor de Dios en el
corazón, se manifestará en nuestra vida. La dulzura de
Cristo nos rodeará y nuestra influencia elevará y
beneficiará a otros.

No debes esperar mejores oportunidades o tener
capacidades extraordinarias para trabajar por el Señor. No
necesitas preocuparte de lo que el mundo dirá o pensará de
tí. Si tu vida diaria atestigua la sinceridad de tu fe y la
pureza, y los demás están convencidos de que deseas
hacerles bien, tus esfuerzos no serán en vano.

Los más humildes y más pobres de los discípulos de

Jesús pueden ser una bendición para otros. Tal vez no crean que están haciendo algún bien, pero su influencia inconscientemente puede iniciar olas de bendiciones que se extenderán y profundizarán, cuyos resultados ellos mismos desconocerán hasta el día de la recompensa final. No les parecerá que están haciendo algo grande. No necesitan cargarse de ansiedad por el éxito. Solamente basta que sigan adelante, haciendo fielmente la obra que Dios les ha dado, y no habrán vivido en vano. Sus propias almas reflejarán cada vez más la semejanza de Cristo; son colaboradores de Dios en esta vida, y se están preparando para la obra más elevada y el gozo sin sombra de la vida venidera.

Escucha A Dios

S O N   M U C H A S   las maneras en que Dios trata de
dársenos a conocer y ponernos en comunión con Él. La
naturaleza habla constantemente a nuestros sentidos. El
corazón quedará impresionado por el amor y la gloria de
Dios según es revelada por las obras de Sus manos. El
oído atento puede escuchar y entender las comunicaciones
de Dios a través de la naturaleza. Los campos verdes, los
árboles, los capullos y las flores, la nubecilla que pasa, la
lluvia que cae, el arroyo que murmura, las maravillas del
cielo, hablan a nuestro corazón y nos invitan a conocer a
Aquél que todo lo hizo.

Nuestro Salvador enlazó Sus preciosas lecciones con
las cosas de la naturaleza. Los árboles, los pájaros, las
flores de los valles, las colinas, los lagos y los hermosos
cielos, así como los incidentes y las circunstancias de la
vida diaria, fueron todos unidos a las palabras de verdad,
para que de ese modo, sus lecciones fuesen traídas a
menudo a la memoria, aún en medio de los cuidados de la
vida de trabajo del hombre.

Dios quiere que Sus hijos aprecien Sus obras y gocen
de la tranquila y sencilla hermosura con que Él adornó
nuestra morada terrenal. Él es amante de lo bello, y más
que toda la belleza externa, Él ama la belleza del carácter;
Él quiere que cultivemos la pureza y la sencillez, gracias
características de las flores.

Si solamente queremos escuchar, las obras que Dios
creó nos enseñarán preciosas lecciones de obediencia y
confianza. Desde las estrellas que en su trayecto sin huella
por el espacio siguen de siglo en siglo los caminos que les
asignó, hasta el átomo más diminutivo, las cosas de la
naturaleza obedecen la voluntad del Creador. Y Dios cuida
y sostiene todo lo que creó. El que mantiene los
innumerables mundos diseminados por la inmensidad del

espacio estelar, también tiene cuidado del gorrioncillo que entona sin temor su humilde canto. Cuando los hombres van a su trabajo, o están orando; cuando se acuestan por la noche o se levantan por la mañana; cuando el rico festeja en su palacio, o cuando el pobre reúne a sus hijos alrededor de su escasa mesa, el Padre celestial vigila tiernamente a todos. No hay lágrimas que se derramen que Él no note. No hay sonrisa que para Él pase inadvertida.

Si creyéramos implícitamente esto, desecharíamos toda ansiedad indebida. Nuestras vidas no estarían llenas de desengaños como ahora; porque cada cosa, grande o pequeña, se dejaría en las manos de Dios, quien no se confunde por la multitud de los cuidados, ni se abruma por su peso. Entonces nuestra alma gozaría de un reposo que muchos desconocen.

Cuando tus sentidos se deleiten en la atrayente belleza de la tierra, piensa en el mundo venidero, que nunca conocerá mancha de pecado ni de muerte; donde la naturaleza no llevará la sombra de la maldición. Deja a tu imaginación que piense en la morada de los salvos; y recuerda que será más gloriosa que cuanto pueda figurarse la más brillante imaginación. En los variados dones de Dios en la naturaleza no vemos sino el más pálido reflejo de Su gloria. Está escrito: "Cosas que el ojo no vio, ni el oído oyó, ni han subido al corazón del hombre, son las que Dios ha preparado para los que le aman." 1 Corintios 2:9.

El poeta y el naturalista tienen mucho que decir acerca de la naturaleza, pero más aún, es el creyente quién goza de la belleza de la tierra, porque reconoce la obra de las manos de su Padre y comprende Su amor en la flor, el arbusto y el árbol. Nadie puede apreciar plenamente el significado de la colina, del valle, del río y del mar, que no los mire como una expresión del amor de Dios al hombre.

Dios nos habla mediante Sus obras providenciales y la influencia de Su Espíritu Santo en el corazón. En nuestras circunstancias y ambiente, en los cambios que suceden diariamente a nuestro alrededor podemos encontrar preciosas lecciones, si tan sólo abrimos nuestros corazones para recibirlas. El salmista, recordando la obra de la Providencia divina, dice: "De la misericordia de Jehová está llena la tierra." Y también: "¿Quién es sabio y guardará estas cosas, y entenderá las misericordias de Jehová?" Salmos 33:5; 107:43.

Dios nos habla en Su Palabra. En ella se encuentra, en líneas más claras, la revelación de Su carácter, de Su trato con los hombres y de la gran obra de la redención. En ella, abierta ante nosotros, tenemos la historia de los patriarcas, profetas y otros hombres santos de la antigüedad. Ellos estaban sujetos a "sentimientos semejantes a los nuestros." Santiago 5:17. Vemos cómo lucharon ante descorazonamientos como los nuestros, cómo cayeron bajo tentaciones como caemos nosotros y sin embargo cobraron nuevo valor y vencieron por la gracia de Dios; y recordándolos, nos animamos en la lucha por la justicia. Al leer el relato de los preciosos sucesos que se les permitió experimentar, la luz, el amor y la bendición de las cuales gozaron y la obra que hicieron por la gracia que se les dio, el espíritu que los inspiró enciende en nosotros un fuego de santo celo, un deseo de ser como ellos en carácter y de andar con Dios como ellos lo hicieron.

El Señor Jesús dijo de las Escrituras del Antiguo Testamento, — y cuánto más cierto es esto acerca del Nuevo, — "Ellas son las que dan testimonio de Mí," el Redentor, Aquél en quién se concentran nuestras esperanzas de la vida eterna. Juan 5:39. Sí, la Biblia entera nos habla de Cristo. Desde el primer relato de la creación, en el cual dice: "Sin Él nada de lo que ha sido hecho, fue hecho," hasta la última promesa: "Mira que Yo vengo pronto," leemos acerca de Sus obras y escuchamos Su voz. Juan 1:3; Apocalipsis 22:12. Si deseas conocer al Salvador, estudia las Santas Escrituras.

Llena tu corazón con las palabras de Dios. Son el agua viva que apaga tu sed. Son el pan vivo que descendió del cielo. Jesús declara: "Si no coméis la carne del Hijo del Hombre, y bebéis Su sangre, no tenéis vida en vosotros." Y al explicarse, dijo: "Las palabras que Yo os he hablado son espíritu y son vida." Juan 6:53, 63. Nuestros cuerpos viven de lo que comemos y bebemos; y lo que sucede en la vida natural igualmente sucede en la espiritual: lo que meditamos es lo que da tono y vigor a nuestra naturaleza espiritual.

El tema de la redención es un tema que los ángeles desean examinar, será la ciencia y el canto de los redimidos durante las interminables edades de la eternidad. ¿No es digno de atención y estudio ahora? La infinita misericordia y amor de Jesús, el sacrificio hecho por nosotros, requieren la más seria y solemne reflexión. Debemos meditar sobre el carácter de nuestro querido Redentor e Intercesor. Debemos pensar en la misión de Aquél que vino a salvar a Su pueblo de sus pecados. Cuando contemplemos de este modo los temas celestiales, nuestra fe y amor serán más fuertes y nuestras oraciones más aceptables a Dios, porque se elevarán unidas de más fe y amor. Serán inteligentes y fervorosas. Habrá una confianza constante en Jesús y una experiencia viva y diaria en Su poder de salvar completamente a todos los que van a Dios por medio de Él.

Mientras meditemos en la perfección del Salvador desearemos ser totalmente transformados y renovados a la imagen de Su pureza. Nuestra alma tendrá hambre y sed de llegar a ser como Aquél a quien adoramos. Cuanto más nuestros pensamientos sean de Cristo, más hablaremos de Él a otros y lo representaremos mejor ante el mundo.

La Biblia no fue escrita para el hombre erudito solamente; al contrario, fue destinada a la gente común. Las grandes verdades necesarias para la salvación están presentadas con tanta claridad como la luz del mediodía; y nadie se equivocará o perderá el camino, excepto aquellos que sigan su propio juicio en vez de la voluntad divina tan claramente revelada.

No debemos aceptar el testimonio de ningún hombre en cuanto a lo que enseñan las Santas Escrituras, sino debemos estudiar las palabras de Dios por nosotros mismos. Si dejamos que otros piensen por nosotros, nuestra energía quedará mutilada y serán limitadas nuestras aptitudes. Las nobles facultades del alma pueden reducirse tanto por no ejercitarse en temas dignos de su concentración que llegan a ser incapaces de captar el profundo significado de la Palabra de Dios. La inteligencia se desarrolla si se emplea en estudiar la relación de los temas de la Biblia, comparando escritura con escritura y lo espiritual con lo espiritual.

No hay ninguna cosa mejor para fortalecer la inteligencia que el estudio de las Santas Escrituras. No hay otro libro que sea tan potente para elevar los pensamientos, para dar vigor a las facultades, como son las grandes y ennoblecedoras verdades de la Biblia. Si se estudiara la Palabra de Dios como se debe, los hombres tendrían una grandeza de espíritu, una nobleza de carácter y una firmeza de propósito que raramente pueden verse en estos tiempos.

Pero se obtiene muy poco beneficio de una lectura precipitada de las Sagradas Escrituras. Uno puede leer toda la Biblia y quedarse sin ver su belleza o comprender su sentido profundo y oculto. Un pasaje estudiado hasta que su significado nos parezca claro y sus relaciones con el plan de salvación sean evidentes, resulta de mucho más valor que la lectura de muchos capítulos sin un propósito determinado y sin obtener una instrucción positiva. Tén tu Biblia a mano. Léela cuando tengas oportunidad; fija los textos en tu memoria. Aún al ir por la calle puedes leer un pasaje y meditar en él hasta que se grabe en la mente.

No podemos obtener sabiduría sin una atención verdadera y un estudio con oración. Algunas porciones de la Santa Escritura son en verdad demasiado claras para que se puedan entender mal; pero hay otras cuyo significado no es superficial, y no se entiende a primera vista. Se debe comparar pasaje con pasaje. Debe haber un escudriñamiento cuidadoso y una reflexión acompañada de oración. Tal estudio será recompensado abundantemente. Como el minero descubre vetas de precioso metal ocultas debajo de la superficie de la tierra, así también el que con perseverancia escudriña la Palabra de Dios, en busca de sus tesoros escondidos, encontrará verdades de gran valor ocultas de la vista del investigador descuidado. Las palabras de la inspiración, meditadas en el alma, serán como ríos de agua que manan de la fuente de la vida.

Nunca se debe estudiar la Biblia sin oración. Antes de abrir sus páginas debemos pedir la iluminación del Espíritu Santo, y ésta nos será dada. Cuando Natanael fue a Jesús, el Salvador exclamó: "He ahí un Israelita de verdad, en quien no hay engaño. Le dijo Natanael: ¿De donde me conoces? Respondió Jesús y le dijo: Antes que Felipe te llamara, cuando estabas debajo de la higuera, te vi." Juan 1:47, 48. Así también nos verá el Señor Jesús en los lugares secretos de oración, si le buscamos para que nos dé luz y nos permita saber lo que es la verdad. Ángeles del mundo de luz acompañaran a los que busquen con humildad de corazón la dirección divina.

El Espíritu Santo exalta y glorifica al Salvador. Es Su misión la de presentar a Cristo, la pureza de Su justicia y la gran salvación que obtenemos de Él. Jesús dijo: El Espíritu "tomará de lo mío, y os lo hará saber." Juan 16:14. El Espíritu de verdad es el único maestro eficaz de la verdad divina. ¡Cuánto debe de estimar Dios a la raza humana, siendo que dio a Su Hijo para que muriese por ella, y manda Su Espíritu para que sea continuamente el maestro y guía del hombre!

CAPÍTULO 11

Tesoro Escondido

DIOS NOS HABLA por varios medios; por la naturaleza, por la revelación, por Su providencia y por la influencia de Su Espíritu. Pero no es suficiente; también necesitamos abrirle nuestro corazón. A fin de tener vida espiritual y energía debemos tener verdadera comunicación con nuestro Padre celestial. Nuestra mente puede ser atraída hacia Él; podemos meditar en Sus obras, Sus misericordias, Sus bendiciones; pero esto no es, en todo el sentido de la palabra, estar en comunión con Él. Para ponernos en comunión con Dios debemos tener algo que decirle respecto a nuestra vida real.

Orar es el acto de abrir nuestro corazón a Dios como a un amigo. No es que Dios necesite esto para saber lo que somos, sino a fin de capacitarnos para recibirle. La oración no baja a Dios hacia nosotros, pero más bien, nos eleva hacia Él.

Cuando Jesús estuvo sobre la tierra, enseño a Sus discípulos a orar. Les enseño a presentarle a Dios sus necesidades diarias y a confiarle todos sus pesares. Y la seguridad que les dio de que sus oraciones serían oídas nos es dada también a nosotros.

Jesús mismo, cuando habitó entre nosotros, oraba frecuentemente. Nuestro Salvador se identificó con nuestras necesidades y debilidades al convertirse en un suplicante que rogaba de Su Padre nueva provisión de fuerza, para enfrentarse vigorizado ante el deber y la prueba. El es nuestro ejemplo en todas las cosas. Es un hermano en nuestras debilidades, "tentado en todo así como nosotros, "pero como ser inmaculado Su naturaleza rehuyó el mal; Su alma sufrió las luchas y torturas de un mundo de pecado. Como humano, la oración fue para Él una necesidad y un privilegio. Encontraba consuelo y gozo en la comunión con Su Padre. Y si el Salvador de los hombres, el Hijo de Dios, sintió la necesidad de orar, ¡cuánto más nosotros, débiles mortales, manchados por el pecado, deberíamos sentir la necesidad de orar con fervor y constancia!

Nuestro Padre celestial espera para derramar sobre nosotros la plenitud de Sus bendiciones. Es nuestro privilegio beber abundantemente en la fuente del amor infinito. ¡Cuán extraño es que oremos tan poco! Dios está listo y dispuesto a oír la oración de Sus hijos, y sin embargo, hay mucha vacilación de nuestra parte para presentar nuestras necesidades delante de Dios. ¿Qué pensarán los ángeles del cielo de seres humanos pobres y sin fuerza, sujetos a la tentación, y que sin embargo oran tan poco y tienen tan poca fe, cuando el gran Dios lleno de amor se compadece de ellos y está dispuesto a darles más de lo que pueden pedir o pensar? Los ángeles se deleitan en postrarse delante de Dios y en estar cerca de Él. Es su mayor delicia estar en comunión con Dios; y no obstante, los hijos de los hombres, que tanto necesitan la ayuda que sólo Dios puede dar, parecen satisfechos con andar privados de la luz de Su Espíritu y de la compañía de Su presencia.

Las tinieblas del malvado cercan a aquellos que descuidan la oración. Las tentaciones secretas del enemigo los incitan al pecado; y todo porque ellos no usan del privilegio de orar que Dios les ha concedido. ¿Por qué los hijos e hijas de Dios han de ser tan remisos para orar, cuando la oración es la llave en la mano de la fe para abrir el almacén del cielo, donde están atesorados los recursos infinitos de la Omnipotencia? Sin oración incesante y vigilancia diligente corremos el riesgo de volvernos indiferentes y de desviarnos del sendero recto. Nuestro adversario procura constantemente obstruir el camino al propiciatorio, para que no obtengamos, mediante fervientes súplicas y fe, gracia y poder para resistir la tentación.

Hay ciertas condiciones en las cuales podemos esperar que Dios oiga y conteste nuestras oraciones. Una de las primeras es que sintamos necesidad de la ayuda que Él puede dar. Nos ha dejado esta promesa: "Porque yo derramaré aguas sobre el sequedal, y ríos sobre la tierra árida." Isaías 44:3. Los que tienen hambre y sed de justicia, los que suspiran por Dios, pueden estar seguros de que serán saciados. El corazón debe estar abierto a la influencia del Espíritu; de otra manera no puede recibir las bendiciones de Dios.

Nuestra gran necesidad es en sí misma un argumento, y habla elocuentemente en nuestro favor. Pero al Señor se necesita buscarle para que haga estas cosas por nosotros. Nos dice: "El que no eximió ni a Su propio Hijo, sino que lo entregó por todos nosotros, ¿cómo no nos dará también con Él todas las cosas?" Romanos 8:32.

Si permitimos la iniquidad en nuestro corazón, si nos aferramos a algún pecado conocido, el Señor no nos oirá; más la oración del alma arrepentida y contrita será siempre aceptada. Cuando hayamos reparado en lo posible todos nuestros pecados conocidos, podremos esperar que Dios contestará nuestras oraciones. Nuestros propios méritos no nos recomiendan para recibir el favor de Dios. Es el mérito de Jesús lo que nos salva y Su sangre lo que nos limpia; sin embargo nosotros tenemos una obra que hacer para cumplir las condiciones de la aceptación. La oración eficaz tiene otro elemento: la fe. "Porque es necesario que el que se acerca a Dios crea que le hay, y que es galardonador de los que le buscan." Hebreos 11:6. El Señor Jesús le dijo a Sus discípulos: "Todo cuanto rogáis y pedís, creed que lo estáis recibiendo, y lo tendréis." Marcos 11:24. ¿Crees al pie de la letra todo lo que Él nos dice?

La seguridad es amplia e ilimitada, y fiel es Él que ha prometido. Cuando no recibimos precisa e inmediatamente las cosas que pedimos, debemos seguir creyendo que el Señor oye y que contestará nuestras oraciones. Somos tan cortos de vista y propensos a errar, que algunas veces pedimos cosas que no serían para nuestro bien, y nuestro Padre celestial contesta con amor nuestras oraciones dándonos aquello que es para nuestro más alto bien, aquello que nosotros mismos desearíamos si, alumbrados de sabiduría celestial, pudiéramos ver todas las cosas como realmente son. Si nos parece que nuestras oraciones no son contestadas, debemos aferrarnos a la promesa; porque el tiempo de recibir contestación vendrá seguramente, y recibiremos las bendiciones que más necesitamos. Pretender que nuestras oraciones sean siempre contestadas en la misma forma y según lo que pidamos, es presunción. Dios es demasiado sabio para equivocarse, y demasiado bueno para negar un bien a los que andan en integridad. Así pues, no temas confiar en Él, aunque no veas la respuesta inmediata a tus oraciones. Confía en la seguridad de Su promesa: "Pedid, y se os dará."

Si consultamos nuestras dudas y temores, o procuramos resolver todo lo que no veamos claramente antes de tener fe, las perplejidades aumentarán y se harán más fuertes. Pero si venimos a Dios nos sentimos desamparados y necesitados, como realmente somos, y con fe humilde y confiada presentamos nuestras necesidades a Aquél cuyo conocimiento es infinito y que ve toda la creación y todo lo gobierna por Su voluntad y palabra, Él escuchará nuestro clamor, y hará brillar la luz en nuestro corazón. Mediante la oración sincera nos ponemos en comunicación con la mente del Infinito. Tal vez no tengamos al instante alguna prueba notable de que el rostro de nuestro Redentor se inclina hacia nosotros con compasión y amor; y sin embargo es así. Quizás no sintamos Su toque manifiesto, pero Su mano se extiende sobre nosotros con amor y piadosa ternura.

Cuando pedimos misericordia y bendiciones de Dios, debemos tener en nuestro propio corazón un espíritu de amor y perdón. ¿Cómo es posible que podamos orar: "Perdónanos nuestras deudas, como también nosotros perdonamos a nuestros deudores," y amparar, sin embargo, un espíritu que no perdona? Mateo 6:12. Si esperamos que nuestras oraciones sean oídas, debemos perdonar a otros como esperamos ser perdonados nosotros.

La perseverancia en la oración ha sido hecha una condición para recibir. Debemos orar siempre si queremos crecer en fe y en experiencia. Debemos ser "constantes en la oración." Romanos 12:12. "Perseverad en la oración, velando en ella con acción de gracias." Colosenses 4:2. El apóstol Pedro exhorta a los Cristianos: "Sed, pues, sensatos y manteneos sobrios para la oración." 1 Pedro 4:7. Y Pablo nos aconseja: "Que sean presentadas vuestras peticiones delante de Dios mediante oración y ruego con acción de gracias." Filipenses 4:6. También nos dice Judas, el apóstol: "Pero vosotros, amados ... orando en el Espíritu Santo, conservaos en el amor de Dios." Judas 20, 21. Orar sin cesar es mantener una unión continua del alma con Dios, de modo que la vida de Dios fluya a la nuestra, y de nuestra vida la pureza y la santidad refluyan a Dios.

Es necesario ser diligente en la oración; que nada te lo impida. Haz cuanto puedas para que haya una comunión continua entre el Señor Jesús y tu alma. Aprovecha toda oportunidad de ir adonde se suela orar. Los que están procurando mantenerse en comunión con Dios asistirán a los cultos de oración, serán fieles en cumplir su deber, y ávidos y ansiosos de cosechar todos los beneficios que puedan alcanzar. Aprovecharán toda oportunidad de colocarse donde puedan recibir rayos de luz celestial.

Debemos orar también en el círculo de nuestra familia; y sobre todo no descuidar la oración privada, porque esto es la vida del alma. Es imposible que el alma florezca cuando se descuida la oración. La oración pública o en familia no es suficiente. En medio de la soledad, abre tu alma al ojo penetrante de Dios. La oración secreta sólo debe ser oída por el Dios que oye las oraciones. Ningún oído curioso debe recibir el peso de tales peticiones. En la oración privada el alma está libre de las influencias del ambiente, libre de excitación. Tranquila pero fervientemente se elevará hacia Dios. Dulce y permanente será la influencia de Aquél que ve en lo secreto, cuyo oído está abierto a la oración que brota del corazón. Por una fe sencilla y serena el alma se mantiene en comunión con Dios, y recoge los rayos de la luz divina para fortalecerse y sostenerse en la lucha contra Satanás. Dios es nuestra fortaleza.

Ora en tu dormitorio, y mientras atiendes tu trabajo levanta a menudo tu corazón a Dios. Así fue como anduvo Enoc con Dios. Estas oraciones suben como un precioso incienso ante el trono de la gracia. Satanás no

puede vencer a aquél cuyo corazón está así sostenido por
Dios.

No hay tiempo o lugar en que sea impropio orar a
Dios. No hay nada que nos prohiba elevar nuestro corazón
en ferviente oración. En medio de las multitudes de las
calles o en medio de una sesión de nuestros negocios,
podemos elevar a Dios una oración e implorar la dirección
divina, como lo hizo Nehemías cuando presentó una
petición ante el rey Artajerjes. En cualquier lugar que
estemos podemos estar en comunión con Dios. Debemos
tener abierta de continuo la puerta del corazón e invitar
siempre a Jesús a venir a morar en nuestra alma como
huésped celestial.

Aunque estemos rodeados de una atmósfera
corrompida y mancillada, no necesitamos respirar sus
miasmas; antes bien podemos vivir en el ambiente limpio
del cielo. Elevando el alma a Dios mediante la oración
sincera podemos cerrar la entrada a toda imaginación
impura y a todo pensamiento impío. Aquellos cuyo
corazón esté abierto para recibir el apoyo y la bendición de
Dios andarán en una atmósfera más santa que la del mundo
y tendrán constante comunión con el cielo.

Necesitamos tener ideas más claras del Señor Jesús y
una comprensión más completa del valor de las realidades
eternas. La belleza de la santidad ha de llenar el corazón de
los hijos de Dios; y para que esto suceda debemos buscar
las revelaciones de las cosas celestiales.

Esfuércese nuestra alma y elévese para que Dios nos
permita respirar la atmósfera celestial. Podemos
mantenernos tan cerca de Dios que en cualquier prueba
inesperada nuestros pensamientos se volverán hacia Él tan
naturalmente como la flor se vuelve hacia el sol.

Llévale a Dios tus necesidades, tristezas, gozos,
cuidados y temores. No puedes agobiarle ni cansarle. El
que tiene contados los cabellos de tu cabeza no es
indiferente a las necesidades de Sus hijos. Porque "el
Señor es muy misericordioso y compasivo." Santiago
5:11. Su corazón está lleno de amor y se conmueve por
nuestras tristezas y aún por nuestra presentación de ellas.
Llévale todo lo que confunda tu mente. Ninguna cosa es

demasiado grande para que Él no la pueda soportar, pues sostiene los mundos y rige todos los asuntos del universo. Ninguna cosa que de alguna manera afecte nuestra paz es tan pequeña que Él no la note. No hay en nuestra experiencia ningún pasaje tan obscuro que Él no lo pueda leer, ni perplejidad tan grande que no la pueda desenredar. Ninguna calamidad puede pasarle al más pequeño de Sus hijos, ninguna ansiedad puede asaltar el alma, ninguna alegría, ninguna oración sincera escaparse de los labios, sin que el Padre celestial lo note, sin que tome en ello un interés inmediato. "Él sana a los quebrantados de corazón, y venda sus heridas." Salmos 147:3. Las relación entre Dios y cada alma es tan clara y fuerte como si no hubiese otra alma por la cual hubiera dado a Su Hijo amado.

Jesús decía: "Pediréis en Mi nombre; y no os digo que Yo rogaré al Padre por vosotros, pues el Padre mismo os ama." Juan 16:26, 27. "Yo os elegí a vosotros . . . para que todo lo que pidáis al Padre en Mi nombre, os los dé." Juan 15:16. Orar en el nombre del Señor Jesús es más que hacer simplemente mención de Su nombre al principio y al fin de la oración. Es orar con los sentimientos y el espíritu de Él, creyendo en Sus promesas, confiando en Su gracia y haciendo Sus obras.

Dios no pide que nos hagamos ermitaños o monjes, ni que nos retiremos del mundo, a fin de consagrarnos a los actos de adoración. Nuestra vida debe ser como la vida de Cristo, que estaba repartida entre la montaña y la multitud. El que no hace nada más que orar, pronto dejará de hacerlo, o sus oraciones llegarán a ser una rutina formal. Cuando los hombres se alejan de la vida social, de la esfera del deber Cristiano y de la obligación de llevar su cruz, cuando dejan de trabajar fervorosamente por el Maestro que trabajó fielmente por ellos, pierden lo esencial de la oración y no tienen ya aliciente para la devoción. Sus oraciones llegan a ser personales y egoístas. No pueden pedir por las necesidades de la humanidad o por el reino de Cristo ni pedir la fuerza necesaria con que trabajar.

Sufrimos una pérdida cuando descuidamos la oportunidad de reunirnos para fortalecernos y edificarnos mutuamente en el servicio de Dios. Las verdades de Su Palabra pierden en nuestras almas su vivacidad e importancia. Nuestros corazones dejan de ser alumbrados y estimulados por la influencia santificadora, y nuestra espiritualidad disminuye. En nuestro trato como Cristianos perdemos mucho por falta de simpatía mutua. El que se encierra dentro de sí mismo no ocupa la posición que Dios le señaló. El cultivo apropiado de los elementos sociales de nuestra naturaleza nos hace simpatizar con otros, y es para nosotros un medio de crecimiento además de fortalecernos en el servicio de Dios.

Si todos los Cristianos se asociaran y se hablasen unos a otros del amor de Dios y de las preciosas promesas de la redención, su corazón se fortalecería, y se ayudarían mutuamente. Aprendamos diariamente de nuestro Padre celestial, obteniendo una nueva experiencia de Su gracia, y entonces desearemos hablar de Su amor. Mientras lo hagamos nuestro propio corazón se enternecerá y reanimará. Si pensáramos y habláramos más del Señor Jesús y menos de nosotros mismos, tendríamos mucho más de Su presencia.

Si tan sólo pensáramos en Él todas las veces que tenemos pruebas de Su cuidado por nosotros, lo tendríamos siempre presente en nuestros pensamientos y nos deleitaríamos en hablar de Él y en alabarle. Hablamos de las cosas temporales porque tenemos interés en ellas. Hablamos de nuestros amigos porque los amamos; nuestras tristezas y alegrías están unidas a ellos. Sin embargo, tenemos razones infinitamente mayores para amar a Dios mucho más que a nuestros amigos terrenales, y debería ser la cosa más natural del mundo darle el primer lugar en nuestros pensamientos, hablar de Su bondad y alabar Su poder. No era la intención de Dios que los ricos dones que ha derramado cautivaran de tal manera nuestros pensamientos y amor que nada tuviéramos que dar a Dios. Al contrario, debieran hacernos recordarle constantemente, y unirnos por vínculos de amor y gratitud a nuestro Benefactor celestial. Vivimos demasiado apegados a lo material. Levantemos nuestros ojos hacia la puerta abierta del santuario celestial, donde la luz de la gloria de Dios resplandece en el rostro de Cristo, quien "puede también salvar completamente a los que por medio de Él se acercan a Dios." Hebreos 7:25.

Necesitamos alabar más a Dios por Su "misericordia … y Sus maravillas para con los hijos de los hombres." Salmos 107:8. Nuestros actos de devoción no deben consistir enteramente en pedir y recibir. No debemos pensar siempre en nuestras necesidades y nunca en los beneficios que recibimos. No oramos demasiado, pero somos muy tardos en dar gracias. Constantemente estamos recibiendo las misericordias de Dios, y sin embargo, cuán poca gratitud expresamos, cuán poco le alabamos por lo que ha hecho en nuestro favor.

Antiguamente el Señor ordenó esto a Israel, cuando se congregara a fin de rendirle culto, "Comeréis allí delante de Jehová vuestro Dios, y os alegraréis, vosotros y vuestras familias, en toda obra de vuestras manos en la cual Jehová tu Dios te haya bendecido." Deuteronomio 12:7. Lo que se hace para gloria de Dios debe hacerse con alegría, con cantos de alabanza y acción de gracias, no con tristeza y un semblante serio.

Nuestro Dios es un Padre tierno y misericordioso. Su servicio no debe mirarse como una cosa que entristece, como un ejercicio que desagrada. Debe ser nuestro mayor placer adorar al Señor y participar en Su obra. Dios no quiere que Sus hijos, a los cuales proporcionó una salvación tan grande, obren como si Él fuera un amo duro y exigente. Él es nuestro mejor amigo; y cuando le adoramos quiere estar con nosotros, para bendecirnos y confortarnos llenando nuestro corazón de alegría y amor. El Señor quiere que Sus hijos encuentren consuelo en servirle y más placer que fatiga en Su obra. Él quiere que aquellos que vengan a adorarle se lleven pensamientos preciosos acerca de Su amor y cuidado, a fin de que estén animados en toda ocasión de la vida y tengan gracia para obrar honrada y fielmente en todo.

Debemos reunirnos en torno a la cruz. Cristo, y Cristo crucificado, debe ser el tema de nuestra meditación, conversación y más gozosa emoción. Debemos mantener en nuestros pensamientos todas las bendiciones que recibimos de Dios; y al realizar Su gran amor, debiéramos estar dispuestos a confiar todas las cosas a la mano que fue clavada en la cruz en nuestro favor.

El alma puede elevarse hacia el cielo en alas de la alabanza. Dios es adorado con cánticos y música en las mansiones celestiales, y al expresar nuestra gratitud nos aproximamos al culto que le rinde la multitud celestial. La Escritura nos dice: "El que ofrece sacrificios de alabanza Me glorifica." Salmos 50:23. Presentémonos, pues, con gozo reverente delante de nuestro Creador, con "alegría y gozo, alabanza y voces de canto." Isaías 51:3.

CAPÍTULO 12

Conquistando La Duda

MUCHOS, especialmente los que son jóvenes en la vida Cristiana, se sienten a veces molestos por las sugerencias del escepticismo. Hay en las Sagradas Escrituras muchas cosas que no se pueden explicar, ni siquiera percibir, y Satanás las emplea para sacudir nuestra fe en las Escrituras como revelación de Dios. Preguntamos: "¿Como sabré cuál es el camino correcto? Si la Biblia es en verdad la Palabra de Dios, ¿cómo puedo librarme de estas dudas y perplejidades?"

Dios nunca nos pide que creamos sin darnos suficiente evidencia sobre la cual fundar nuestra fe. Su existencia, Su carácter, la veracidad de Su Palabra, todas estas cosas están establecidas por testimonios que apelan a nuestra razón. Pero Dios no ha quitado toda posibilidad de dudar. Nuestra fe debe reposar sobre evidencias, no sobre demostraciones. Los que quieran dudar tendrán oportunidad de hacerlo, mientras que los que realmente deseen conocer la verdad encontrarán numerosas evidencias sobre las cuales pueden basar su fe.

Es imposible para el espíritu finito del hombre comprender plenamente el carácter de las obras del Infinito. Para la inteligencia más aguda, para el espíritu más ilustrado, aquél santo Ser debe siempre permanecer envuelto en el misterio. "¿Descubrirás tú las profundidades de Dios? ¿Alcanzarás el límite de la perfección del Todopoderoso? Es más alta que los cielos; ¿qué harás? Es más profunda que el Seol; ¿cómo la conocerás?" Job 11:7, 8.

El apóstol Pablo exclama: "¡Oh profundidad de las

riquezas de la sabiduría y del conocimiento de Dios! ¡Cuán inescrutables son Sus juicios, e insondables Sus caminos!" Romanos 11:33.   Aunque haya "nubes y oscuridad alrededor de Él; justicia y juicio son el cimiento de Su trono." Salmos 97:2. Comprendemos lo suficiente en Su trato con nosotros y los motivos que lo impulsan, para discernir en Él un amor y misericordia sin límites unidos a un poder grandioso. Podemos entender de Sus designios cuanto es bueno que sepamos; y más allá de esto debemos seguir confiando en Su mano omnipotente y en Su corazón lleno de amor.

La Palabra de Dios, igual que el carácter de su divino Autor, presenta misterios que nunca podrán ser plenamente comprendidos por nosotros. La entrada del pecado en el mundo, la encarnación de Cristo, la regeneración, la resurrección y otros muchos asuntos que se presentan en la Biblia, son misterios demasiado profundos para que la mente humana los explique, o siquiera los entienda con plenitud. Pero no hay razón para dudar de la Palabra de Dios porque no podamos comprender los misterios de Su providencia.   En el mundo natural estamos siempre rodeados de misterios que no podemos penetrar. Aún las formas más humildes de vida presentan un problema que el más sabio de los filósofos es incapaz de explicar. Por todas partes se ven maravillas que superan nuestro conocimiento. ¿Debemos sorprendernos de que en el mundo espiritual haya también misterios que no podamos entender? La dificultad se encuentra únicamente en la debilidad y estrechez del espíritu humano. Dios nos ha dado en las Santas Escrituras pruebas suficientes de Su carácter divino, y no debemos dudar de Su Palabra porque no podamos entender los misterios de Su providencia.

El apóstol Pedro dice que hay en las Escrituras cosas "difíciles de entender, las cuales los indoctos e inconstantes tuercen . . . para su propia perdición." 2 Pedro 3:16. Los escépticos han presentado las dificultades de las Sagradas Escrituras como argumento contra ellas; pero distan tanto de serlo que constituyen en realidad una poderosa evidencia de su inspiración divina. Si no contuvieran nada acerca de Dios sino aquello que fácilmente pudiéramos comprender, si su grandeza y majestad pudieran ser abarcadas por inteligencias finitas, entonces la Biblia no llevaría las credenciales inequívocas de la autoridad divina. Como Palabra de Dios la misma grandeza y los mismos misterios de los temas presentados deben inspirar fe en ella.

La Biblia presenta la verdad con sencillez y con una adaptación perfecta a las necesidades y los anhelos del corazón humano, que ha asombrado y encantado a las personas más educadas, al mismo tiempo que permite al más humilde e inculto a entender el camino de la salvación. Sin embargo, estas verdades sencillamente declaradas tratan asuntos tan elevados, de tanta trascendencia, tan infinitamente fuera del alcance de la comprensión humana, que sólo podemos aceptarlas porque Dios nos las ha declarado. Así queda el plan de la redención expuesto delante de nosotros para que toda alma pueda ver el camino que tiene que tomar para llegar al arrepentimiento y tener fe en nuestro Señor Jesucristo y salvarse de la manera señalada por Dios. Sin embargo, bajo estas verdades tan comprensibles existen misterios que son el sitio de retiro de la gloria del Señor, misterios que abruman la mente que los indaga, aunque inspiran fe y reverencia al sincero estudiante de la verdad. Cuanto más escudriña éste la Biblia, tanto más se profundiza su convicción de que es la Palabra del Dios vivo, y la razón humana se postra ante la majestad de la revelación divina.

Reconocer que no podemos entender plenamente las grandes verdades de la Escritura no es sino admitir que la mente finita no basta para comprender lo infinito; que el hombre, con su conocimiento limitado, no puede abarcar los designios de la Omnisciencia.

Por no poder entender todos los misterios de la Palabra de Dios, los escépticos y los incrédulos la rechazan; y no todos los que profesan creer en ella están exentos de este peligro. El apóstol dice: "Mirad, hermanos, que no haya en ninguno de vosotros un corazón malo de incredulidad para apartarse del Dios vivo." Hebreos 3:12. Es bueno estudiar detenidamente las enseñanzas de la Biblia e investigar "las profundidades de

Dios" hasta donde se revelan en ella, porque si bien "las cosas secretas pertenecen a Jehová nuestro Dios; mas las reveladas son para nosotros." Deuteronomio 29:29. Pero es la obra de Satanás el pervertir las facultades de investigación del entendimiento. Cuando los hombres no pueden explicar todas sus partes como quieren se impacientan y se sienten derrotados, de modo que cierto orgullo se mezcla con la consideración de la verdad bíblica. Es para ellos demasiado humillante reconocer que no pueden entender las palabras inspiradas. No están dispuestos a esperar pacientemente hasta que Dios juzgue oportuno revelarles la verdad. Creen que su sabiduría humana sin ayuda alguna basta para hacerles entender la Escritura, y cuando no lo logran niegan virtualmente la autoridad de ésta. Es verdad que muchas teorías y doctrinas actuales que consideramos derivadas de la Biblia no tienen fundamento en lo que la Biblia enseña, y en realidad están opuestas a todo el tenor de la inspiración. Estas cosas han sido motivo de duda y perplejidad para muchas personas. No son, sin embargo, atribuidas a la Palabra de Dios, sino a la perversión que los hombres han hecho de ella.

Si fuera posible para los seres humanos obtener pleno conocimiento de Dios y de Sus obras, no habría ya para ellos, ni descubrimiento de nuevas verdades, ni crecimiento del saber, ni desarrollo del espíritu o del corazón. Dios no sería ya Supremo; y el hombre, habiendo alcanzado el límite del conocimiento y del progreso, dejaría de avanzar. Demos gracias a Dios de que no es así. Dios es Infinito; en Él están "todos los tesoros de la sabiduría y del conocimiento." Colosenses 2:3. Y por toda la eternidad los hombres podrán estar siempre buscando, siempre aprendiendo, sin poder agotar nunca los tesoros de Su sabiduría, Su bondad y Su poder.

Dios quiere que aún en esta vida las verdades de Su Palabra se vayan revelando de continuo a Su pueblo. Y hay solamente un modo por el cual se obtiene este conocimiento. No podemos llegar a entender la Palabra de Dios sino por la iluminación del Espíritu por el cual ella fue dada. "Nadie conoce las cosas de Dios, sino el Espíritu de Dios," "porque el Espíritu todo lo escudriña, aun las profundidades de Dios." 1 Corintios 2:11, 10. Y la promesa del Salvador a Sus discípulos fue: "Pero cuando venga el Espíritu de verdad, Él os guiará a toda la verdad . . . porque tomará de lo Mío, y os hará saber." Juan 16:13, 14.

Dios desea que el hombre haga uso de su facultad de razonar, y el estudio de la Biblia fortalece y eleva la mente como ningún otro estudio puede hacerlo. Sin embargo, debemos cuidarnos de no exaltar la razón, la cual está sujeta a las debilidades y flaquezas de la humanidad. Si no queremos que las Sagradas Escrituras estén veladas para nuestro entendimiento, de modo que no podamos comprender ni las verdades más simples, debemos tener la sencillez y la fe de un niño, y estar dispuestos a aprender e implorar la ayuda del Espíritu Santo. El conocimiento del poder y la sabiduría de Dios y el realizar nuestra incapacidad para comprender Su grandeza, deben inspirarnos humildad, y hemos de abrir Su Palabra con un temor reverencial. Cuando nos acercamos a la Biblia, nuestra razón debe reconocer una autoridad superior a ella misma, y el corazón y la inteligencia deben postrarse ante el gran YO SOY.

Hay muchas cosas aparentemente difíciles y obscuras que Dios hará claras y sencillas para los que con humildad procuren entenderlas. Pero sin la dirección del Espíritu Santo estaremos continuamente expuestos a torcer las Sagradas Escrituras o a interpretarlas mal. Muchos leen la Biblia de una manera que no aprovecha, y que hasta, en muchas ocasiones, produce un daño positivo. Cuando el Libro de Dios se abre sin oración y sin reverencia; cuando los pensamientos y afectos no están fijos en Dios, o no están de acuerdo con Su voluntad, el intelecto queda envuelto en dudas, y entonces con el mismo estudio de la Biblia se fortalece el escepticismo. El enemigo se posesiona de los pensamientos, y sugiere interpretaciones incorrectas. Cuando los hombres no tratan de estar en armonía con Dios en obras y en palabras, por instruidos que sean estarán expuestos a errar en su modo de entender las Santas Escrituras, y no se puede confiar en sus explicaciones. Los que escudriñan las Escrituras para buscar discrepancias, no tienen penetración espiritual. Con vista distorsionada encontrarán muchas razones para dudar y no creer en cosas que están claras y sencillas.

Pero, como quiera que se la disfrace, la causa real de la duda y del escepticismo es, en la mayoría de los casos, el amor al pecado. Las enseñanzas y restricciones de la Palabra de Dios no agradan al corazón orgulloso que ama el pecado; y los que evitan respetar lo que ella requiere están listos para dudar de su autoridad. Para llegar a la verdad debemos tener un deseo sincero de conocerla, y en el corazón, buena voluntad para obedecerla. Todos los que estudien la Escritura con éste espíritu de humildad encontrarán abundante evidencia de que es la Palabra de Dios y podrán obtener una comprensión de sus enseñanzas que los hará sabios para la salvación.

Cristo nos dijo: "El que quiera hacer la voluntad de Dios, conocerá si la doctrina es de Dios, o si Yo hablo por Mi propia cuenta." Juan 7:17. En vez de dudar y preocuparnos de lo que no entendemos, prestemos atención a la luz que ya brilla sobre nosotros, y recibiremos mayor luz. Mediante la gracia de Cristo, cumple todos los deberes que hayas llegado a entender, y serás capaz de comprender y cumplir aquellos de los cuales todavía dudas.

Hay una prueba que está al alcance de todos, del más educado y del más ignorante; la evidencia de la experiencia. Dios nos invita a probar por nosotros mismos la realidad de Su Palabra, la verdad de Sus promesas. Él nos dice: "Gustad, y ved cuán bueno es Jehová." Salmos 34:8. En vez de depender de las palabras de otro, tenemos que probar por nosotros mismos. También nos dice la Escritura: "Pedid, y recibiréis." Juan 16:24. Sus promesas se cumplirán. Nunca han faltado; nunca pueden faltar. Y cuando nos acerquemos a Jesús y nos regocijemos en la plenitud de Su amor, nuestras dudas y pesares desaparecerán ante la luz de Su presencia.

El apóstol Pablo dice que Dios "nos ha librado de la potestad de las tinieblas, y trasladado al reino de Su amado Hijo." Colosenses 1:13. Y todo aquél que ha pasado de muerte a vida "certifica que Dios es veraz." Juan 3:33. Puede testificar: "Necesitaba ayuda y la he encontrado en el

Señor Jesús. Fueron suplidas todas mis necesidades; fue satisfecha el hambre de mi alma; y ahora la Biblia es para mí la revelación de Jesucristo. ¿Me preguntas por qué creo en Él? Porque es para mí un Salvador divino. ¿Por qué creo en las Escrituras? Porque he comprobado que es la voz de Dios para mi alma." Podemos tener en nosotros mismos el testimonio de que la Biblia es verdadera y de que Cristo es el Hijo de Dios. Sabemos que no estamos "siguiendo fábulas ingeniosamente inventadas." 2 Pedro 1:16.

El apóstol Pedro le ruega a los hermanos a crecer "en la gracia y el conocimiento de nuestro Señor y Salvador Jesucristo." 2 Pedro 3:18. Cuando los hijos de Dios crezcan en la gracia obtendrán constantemente un conocimiento más claro de Su Palabra. Encontrarán nueva luz y belleza en Sus sagradas verdades. Esto es lo que ha sucedido en la historia de la iglesia en todas las edades, y continuará sucediendo hasta el fin. "Mas la senda de los justos es como la luz de la aurora, que va en aumento hasta llegar a pleno día." Proverbios 4:18.

Por la fe podemos mirar la vida futura y confiar en las promesas de Dios respecto al desarrollo de la inteligencia, a la unión de las facultades humanas con las divinas y a la relación directa de todas las potencias del alma con la Fuente de luz. Con qué alegría veremos que todas las cosas que nos confundieron en las providencias de Dios, serán entonces aclaradas; las cosas difíciles de entender recibirán su explicación; y donde nuestro entendimiento finito sólo descubría confusión y designios quebrantados, veremos la más perfecta y hermosa armonía. "Ahora vemos mediante espejo, borrosamente; más entonces veremos cara a cara. Ahora conozco en parte; pero entonces conoceré tan cabalmente como soy conocido." 1 Corintios 13:12.

CAPÍTULO 13

Regocijémonos Interiormente

LOS HIJOS DE DIOS están designados a ser representantes de Cristo y a manifestar siempre la bondad y la misericordia del Señor. Así como el Señor Jesús nos reveló el verdadero carácter del Padre, hemos de revelar a Cristo ante un mundo que no conoce Su ternura y compasivo amor. Decía Jesús: "Como Tú Me enviaste al mundo, así Yo los he enviado al mundo." Juan 17:18. Y también: "Yo en ellos, y Tú en Mí . . . para que el mundo conozca que Tú Me enviaste." Juan 17:23. El apóstol Pablo dice a los discípulos del Señor, "Siendo manifiesto que sois carta de Cristo," "conocida y leída por todos los hombres." 2 Corintios 3:3, 2. Por medio de cada uno de Sus hijos el Señor Jesús envía una carta al mundo. Si eres Su discípulo, Él envía en tí una carta a la familia, a la aldea, a la calle donde vives. Jesús, que mora en tí, quiere hablar a los corazones que no le conocen. Tal vez no leen la Biblia, ni oyen la voz que les habla en sus páginas; ellos no ven el amor de Dios en Sus obras. Pero si eres un verdadero representante de Jesús, es posible que por tí sean persuadidos a conocer algo de Su bondad y sean ganados para amarle y servirle.

Los Cristianos son como portaluces en el camino al cielo. Tienen que reflejar sobre el mundo la luz de Cristo que brilla sobre ellos. Su vida y carácter deben ser tales que a través de ellos otros adquieran una idea correcta de Cristo y de Su servicio.

Si representamos verdaderamente a Cristo, haremos que Su servicio parezca atractivo, realmente como es. Los Cristianos que llenan su alma de amargura y tristeza, murmuraciones y quejas, están representando falsamente a Dios y la vida Cristiana ante la humanidad. Dan la impresión de que Dios no goza en la felicidad de Sus hijos; y en esto dan falso testimonio contra nuestro Padre celestial.

Satanás se regocija cuando puede inducir a los hijos de Dios a la incredulidad y al temor. Se deleita cuando nos ve desconfiar de Dios y dudar de Su buena voluntad y de Su poder para salvarnos. Le agrada hacernos sentir que el Señor nos hará daño por Sus providencias. Es obra y deseo de Satanás representar al Señor como falto de compasión y piedad. El relata la verdad falsamente con respecto a Él. Llena la imaginación de ideas falsas tocante a Dios; y en vez de afincarnos en la verdad acerca de nuestro Padre celestial, con demasiada frecuencia nos fijamos en las falsas representaciones de Satanás, y deshonramos a Dios desconfiando de Él y murmurando contra Él. Satanás procura siempre presentar la vida religiosa como una vida triste. Desea hacerla aparecer difícil y llena de trabajos; y cuando el Cristiano, por su incredulidad, presenta la religión en su vida bajo este aspecto, secunda las mentiras de Satanás.

Muchos al recorrer el camino de la vida, piensan y meditan en sus errores, fracasos y desengaños, y sus corazones se llenan de dolor y desaliento. Mientras yo estaba en Europa, una hermana que había estado haciendo ésto y que se hallaba profundamente apenada, me escribió para pedirme algunos consejos que la animaran. La noche siguiente a la lectura de su carta, soñé que estaba yo en un jardín y que alguien al parecer el dueño del jardín, me llevaba por sus senderos. Yo estaba recogiendo flores y gozando de su fragancia, cuando esa hermana, que caminaba a mi lado, me llamó la atención a algunos feos zarzales que le estorbaban el paso. Allí estaba ella, afligida y llena de pesar. No iba por la senda, siguiendo al guía, sino que andaba entre espinas y abrojos. "Oh, se lamentaba, "¿no es una lástima que este hermoso jardín esté echado a perder por las espinas?" Entonces el que nos guiaba dijo, "No hagan caso de las espinas, porque solamente les molestarán. Recojan las rosas, los lirios y los claveles."

¿No has tenido en tu experiencia algunas horas felices? ¿No has tenido algunos momentos preciosos en que tu corazón palpitó de gozo respondiendo al Espíritu de Dios? Al recordar los capítulos pasados de tu vida, ¿no encuentras algunas páginas agradables? ¿No son las promesas de Dios flores llenas de fragancia que encuentras a cada lado de tu camino? ¿No permitirás que su belleza y dulzura llenen tu corazón de gozo?

Las espinas y abrojos sólo te herirán y causarán dolor; y si recoges únicamente esas cosas y las presentas a otros, ¿no estás despreciando la bondad de Dios e impidiendo que los demás anden en el camino de la vida?

No es bueno reunir todos los recuerdos desagradables de la vida pasada, — sus iniquidades y desengaños, — para hablar de esos recuerdos y llorarlos hasta quedar abrumados de desaliento. La persona desalentada se llena de tinieblas, borra de su alma la luz divina y proyecta sombras y tinieblas en el camino de los demás.

Demos gracias a Dios por los hermosísimos cuadros que nos ha dado. Reunamos las benditas promesas de Su amor, para recordarlas siempre: El Hijo de Dios, que deja el trono de Su Padre y reviste Su divinidad con nuestra humanidad para poder rescatar al hombre del poder de Satanás; Su triunfo en nuestro favor, que abre el cielo a los hombres y revela a su vista la morada donde la Divinidad descubre Su gloria; la raza caída, levantada de lo profundo de la ruina en que el pecado la había sumergido, puesta de nuevo en conexión con el Dios infinito, vestida de la justicia de Cristo y exaltada hasta Su trono celestial después de sufrir la prueba divina por la fe en nuestro Redentor — estos son los temas que Dios quiere que contemplemos.

Cuando parece que dudamos del amor de Dios y desconfiamos de Sus promesas, le deshonramos y entristecemos al Espíritu Santo. ¿Cómo se sentiría una madre cuyos hijos se quejaran constantemente de ella, como si no tuviera buenas intenciones para con ellos, mientras que en realidad toda su vida ella se ha esforzado por fomentar los intereses de ellos y proporcionarles comodidades? Suponte que dudaran de su amor; esto rompería su corazón. ¿Cómo se sentiría un padre si sus hijos lo trataran así? ¿Y cómo puede mirarnos nuestro Padre celestial cuando desconfiamos de Su amor, que le indujo a dar a Su Hijo unigénito para que tengamos vida? El apóstol dice: "El que no eximió ni a Su propio Hijo, sino que lo entregó por todos nosotros, ¿cómo no nos dará también con Él todas las cosas?" Romanos 8:32. Y a pesar de todo esto, cuántos están diciendo con sus hechos, sino con sus palabras: "El Señor no dijo esto para mí. Tal vez ame a otros, pero a mí no me ama."

Todo esto está dañando a tu alma, pues cada palabra de duda que expresas da lugar a las tentaciones de Satanás. Seguir por ese camino hace crecer en tí la tendencia a dudar, y es un agravio de parte tuya a los ángeles ministradores. Cuando Satanás te tiente, que no salga de tus labios una sola palabra de duda. Si eliges abrirle la puerta a sus insinuaciones, tu mente se llenará de desconfianza y de preocupaciones. Si hablas de tus sentimientos, cada duda que expreses no sólo reaccionará sobre ti mismo sino que será una semilla que germinará y dará fruto en la vida de otros, y quizás sea imposible contrarrestar la influencia de tus palabras. Tal vez puedas recuperarte de la hora de la tentación y del lazo de Satanás; pero puede ser que otros que hayan sido influenciados por tí no alcancen a escapar de la incredulidad que hayas insinuado. ¡Cuánto importa que expresemos tan sólo cosas que den fuerza espiritual y vida!

Los ángeles están atentos para oír qué clase de informe das al mundo acerca de tu Señor. Conversa de Aquél que vive para interceder por nosotros ante el Padre. Que la alabanza de Dios esté en tus labios y en tu corazón cuando estreches la mano de un amigo. Esto atraerá sus pensamientos al Señor Jesús.

Todos tenemos pruebas, pesares que sobrellevar y fuertes tentaciones que resistir. Pero no las cuentes a los amigos, sino lleva todo a Dios en oración. Tengamos por regla no decir ni una sola palabra de duda o desaliento. Podemos hacer mucho más para alumbrar el camino de los demás y sostener sus esfuerzos si hablamos palabras de esperanza y buen ánimo.

Hay muchas almas valientes que están acosadas por la tentación, casi a punto de desmayar en el conflicto que sostienen consigo mismas y con las potencias del mal. No las desalientes en su gran lucha. Demos ánimos con palabras de valor, ricas en esperanza, que las ayuden a avanzar. De este modo puedes reflejar la luz de Cristo. "Ninguno de nosotros vive para sí." Romanos 14:7. Inconscientemente por tu influencia pueden los demás ser alentados y fortalecidos, o desanimados y apartados de Cristo y de la verdad.

Hay muchas ideas erróneas acerca de la vida y el carácter de Cristo. Muchos piensan que carecía de calor y alegría, que era austero, severo y triste. Para muchos toda la vida religiosa se presenta bajo este aspecto sombrío.

Frecuentemente oímos que Jesús lloró, pero que nunca se supo que haya sonreído. Nuestro Salvador fue a la verdad un Hombre de dolores y experimentado en pesares, porque abrió Su corazón a todas las miserias de los hombres. Pero aunque Su vida fue llena de abnegación, dolores y cuidados, Su espíritu no quedó abrumado por ellos. En Su rostro no se veía una expresión de amargura o queja, sino siempre de paz y serenidad. Su corazón era un manantial de vida. Y por donde iba, llevaba descanso y paz, gozo y alegría.

Nuestro Salvador era serio e intensamente fervoroso, pero nunca sombrío o triste. La vida de los que le imiten estará por cierto llena de propósitos serios; ellos tendrán un profundo sentido de su responsabilidad personal. Reprimirán la liviandad; entre ellos no habrá alborozo tumultuoso ni bromas groseras; pero la religión del Señor Jesús da paz como un río. No apaga la luz del gozo, no impide la jovialidad ni obscurece el rostro alegre y sonriente. Cristo no vino para ser servido, sino para servir; y cuando Su amor reine en nuestro corazón, seguiremos Su ejemplo.

Si recordamos siempre las acciones egoístas e injustas de otros, encontraremos que será imposible amarlos como Cristo nos amó; pero si pensamos continuamente en el maravilloso amor y compasión de Cristo hacia nosotros, manifestaremos el mismo espíritu para con los demás. Debemos amarnos y respetarnos mutuamente, a pesar de las faltas e imperfecciones que no podemos dejar de observar en otros. Debemos cultivar la humildad y la desconfianza para con nosotros mismos, y una paciencia llena de ternura hacia las faltas ajenas. Esto destruirá todo egoísmo y nos dará un corazón grande y generoso.

El salmista dice: "Confía en Jehová, y haz el bien; habita tu tierra y cultiva la fidelidad." Salmos 37:3. "Confía en Jehová." Cada día trae sus cargas, sus cuidados y perplejidades; y cuando nos encontramos con los demás qué listos estamos para hablar de nuestros pesares. Nos acosan tantas penas imaginarias, cultivamos tantos temores y expresamos tal peso de ansiedades, que cualquiera podría suponer que no tenemos un Salvador poderoso y misericordioso, dispuesto a oír todas nuestras peticiones y a ser nuestro protector constante en cada hora de necesidad.

Algunos están siempre llenos de temor y toman prestados los problemas ajenos. Todos los días están rodeados de las prendas del amor de Dios; todos los días gozan de las bondades de Su providencia; pero pasan por alto estas bendiciones. Sus mentes están siempre pensando en algo desagradable cuya llegada temen; o puede ser que existan realmente algunas dificultades que, aunque pequeñas, ciegan sus ojos a las cuantiosas bendiciones que demandan su gratitud. Las dificultades con que tropiezan, en vez de guiarlos a Dios, única fuente de todo bien, los separan de Él, porque despiertan desasosiego y lamentos.

¿Hacemos bien en ser así de incrédulos? ¿Por qué somos ingratos y desconfiados? Jesús es nuestro amigo; todo el cielo está interesado en nuestro bienestar. No debemos tolerar que las perplejidades y problemas cotidianos aflijan nuestro espíritu y obscurezcan nuestro semblante. Si lo permitimos, habrá siempre algo que nos moleste y fatigue. No debemos dar entrada a los cuidados que sólo nos inquieten y agoten, y que no nos ayudan a soportar las pruebas.

Podemos estar perplejos en los negocios; nuestros proyectos pueden volverse cada día más sombríos, y podemos estar amenazados de pérdidas; pero no nos descorazonemos; confiemos nuestras cargas a Dios y permanezcamos serenos y alegres. Pidamos sabiduría para manejar nuestros asuntos con discreción, a fin de evitar pérdidas y desastres. Hagamos todo lo que esté de nuestra parte para obtener resultados favorables. El Señor Jesús nos prometió Su ayuda pero sin dejar de hacer nuestra parte. Si confiando en nuestro Ayudante hemos hecho todo lo que podíamos, aceptemos con buen ánimo los resultados.

No es la voluntad de Dios que Su pueblo esté abrumado por el peso de la ansiedad. Pero tampoco nos engaña. No nos dice: "No temas; no hay peligros en tu camino." Él sabe que hay pruebas y peligros, y nos trata con franqueza. No se propone sacar a Su pueblo de en medio de este mundo de pecado y maldad, pero le ofrece un refugio que nunca falla. Su oración por Sus discípulos fue: "No ruego que los quites del mundo, sino que los guardes del mal." Juan 17:15. Y después: "En el mundo tendréis aflicción; pero tened ánimo, Yo he vencido al mundo." Juan 16:33.

En el Sermón del Monte, Cristo enseñó a Sus discípulos preciosas lecciones en cuanto a la necesidad de confiar en Dios. Estas lecciones tenían por objetivo alentar a los hijos de Dios a través de los siglos y han llegado a nuestra época llenas de instrucción y consuelo. El Salvador llamó la atención de Sus discípulos a cómo las aves del cielo entonan sus dulces cantos de alabanza sin estar abrumadas por los cuidados de la vida, a pesar de que "no siembran, ni siegan." Y sin embargo, nuestro Padre celestial les provee lo que necesitan. El Salvador pregunta: "¿No valéis vosotros mucho más que ellas?" Mateo 6:26. El gran Dios que provee para los hombres y las bestias extiende Su mano y suple las necesidades de todas Sus criaturas. Las aves del cielo no son tan insignificantes que Él no las note. Dios no les pone el alimento en el pico, pero hace provisión para sus necesidades. Deben juntar el grano que Él ha derramado para ellas. Deben preparar el material para sus nidos. Deben dar a comer a sus polluelos. Ellas se dirigen cantando hacia su labor, porque "vuestro Padre celestial las alimenta." Y "¿no valéis vosotros mucho más que ellas?" ¿No somos nosotros, como adoradores inteligentes y espirituales, de más valor que las aves del cielo? El Autor de nuestro ser, el Conservador de nuestra existencia, el que nos formó en Su propia imagen, ¿no suplirá nuestras necesidades si solamente confiamos en Él?

Cristo presentaba a Sus discípulos las flores del campo, que crecen en rica profusión y lucen la sencilla hermosura que el Padre celestial les dio, como una expresión de Su amor hacia el hombre. Él decía: "Considerad los lirios del campo, cómo crecen." Mateo 6:28. La belleza y la sencillez de estas flores sobrepasan en excelencia a la gloria de Salomón. El adorno más esplendoroso producido por la habilidad artesana no puede compararse con la gracia natural y la belleza radiante de las flores creadas por Dios. El Señor Jesús preguntó: "Pues si a la hierba del campo, que hoy es y mañana se echa en el horno, Dios la viste así, ¿no lo hará mucho más a vosotros, hombres de poca fe?" Mateo 6:30. Si Dios, el gran Artista, da a las flores que perecen en un día sus delicados y variados colores, ¿cuánto mayor cuidado no tendrá por aquellos a quienes creó en Su propia imagen? Esta lección de Cristo es un reproche contra la ansiedad, las perplejidades y dudas del corazón sin fe.

El Señor quiere que todos Sus hijos e hijas sean felices, obedientes y estén llenos de paz. Él nos dijo: "Mi paz os doy; Yo no os la doy como el mundo la da. No se turbe vuestro corazón, ni tenga miedo." Juan 14:27. Y seguidamente: "Estas cosas os he hablado, para que Mi gozo esté en vosotros, y vuestro gozo sea cumplido." Juan 15:11.

La felicidad que se logra por motivos egoístas, fuera de la senda del deber, es desequilibrada, caprichosa y transitoria; pasa, y deja el alma llena de soledad y tristeza; pero en el servicio de Dios hay gozo y satisfacción; Dios no abandona al Cristiano en caminos desconocidos, no le deja libre a enfrentarse con pesares y contratiempos. Aunque no tengamos los placeres de esta vida, podemos gozarnos a la espera de la vida venidera.

Pero aún aquí en la tierra, los Cristianos pueden tener el gozo de la comunión con Cristo; pueden tener la luz de Su amor, el consuelo continuo de Su presencia. Cada paso de la vida puede acercarnos más al Señor Jesús, puede darnos una experiencia más profunda de Su amor y aproximarnos tanto más al bendito hogar de paz. No pierdas, pues, tu confianza, pero ten una seguridad más firme que nunca. "Hasta aquí nos ayudó Jehová." 1 Samuel 7:12. Y nos ayudará hasta el fin. Miremos los monumentos conmemorativos de lo que Dios ha hecho para confortarnos y salvarnos de la mano del destructor. Tengamos siempre presentes todas las tiernas misericordias que Dios nos ha mostrado: las lágrimas que ha enjugado, las penas que ha quitado, las ansiedades que ha alejado, los temores que ha disipado, las necesidades que ha suplido, las bendiciones que ha derramado, y tomemos fuerzas para todas las pruebas que nos aguardan en el resto de nuestra peregrinación.

No podemos sino prever nuevas perplejidades en el conflicto venidero, pero podemos mirar hacia el pasado tanto como hacia el futuro, y decir: "Hasta aquí nos ayudó Jehová." "Y como tus días serán tus fuerzas." Deuteronomio 33:25. La prueba no será superior a la fuerza que se nos dé para soportarla. Sigamos, por lo tanto, con nuestro trabajo dondequiera que lo hallemos, sabiendo que para cualquier cosa que venga, Dios nos dará fuerza proporcional a las pruebas.

Y antes de mucho las puertas del cielo se abrirán para recibir a los hijos de Dios, y de los labios del Rey de gloria resonará en sus oídos, como la música más dulce, la invitación: "Venid, benditos de Mi Padre, heredad el reino preparado para vosotros desde la fundación del mundo." Mateo 25:34. Entonces los redimidos recibirán con gozo la bienvenida al hogar que el Señor Jesús les está preparando. Allí su compañía no será la de los malvados de la tierra, ni la de los mentirosos, idólatras, impuros e incrédulos, sino la de los que hayan vencido a Satanás y por la gracia divina han formado un carácter perfecto. Toda la tendencia pecaminosa, toda imperfección que los aflige aquí, habrá sido quitada por la sangre de Cristo, y se les comunicará la excelencia y brillantez de Su gloria, que excede a la del sol. Y la belleza moral, la perfección del carácter de Cristo, que ellos reflejan, superará aún este esplendor exterior. Estarán sin mancha delante del trono celestial y compartirán la dignidad y los privilegios de los ángeles.

En vista de la herencia gloriosa que puede ser tuya, "¿qué dará un hombre a cambio de su alma?" Mateo 16:26. Puede ser pobre y, sin embargo, poseer en sí mismo una riqueza y dignidad que el mundo jamás podría haberle dado. El alma redimida y limpiada de pecado, con todas sus nobles facultades dedicadas al servicio de Dios, es de un valor incomparable; y hay gozo en el cielo delante de Dios y de los santos ángeles por cada alma rescatada, un gozo que se expresa con cánticos de santo triunfo.

SEGUNDA PARTE

El Camino Cristiano

¿Es Confiable La Biblia?

¿Qué porcentaje de la Biblia es inspirada por Dios?

"*Toda Escritura es inspirada por Dios,* y útil para enseñar, para redargüir, para corregir, para instruir en justicia."   2 Timoteo 3:16

¿Cómo le habla Dios a Sus profetas?

"Porque nunca la profecía fue traída por voluntad humana, sino que *los santos hombres de Dios hablaron siendo inspirados por el Espíritu Santo.*"   2 Pedro 1:21

¿A que tres porciones del Viejo Testamento se refirió Jesús en Sus enseñanzas?

"Y les dijo: Estas son las palabras que os hablé, estando aun con vosotros: que era necesario *que se cumpliese todo lo que está escrito de mi en la ley de Moisés, en los profetas y en los salmos.* Entonces les abrió la mente, para que comprendiesen las Escrituras."   Lucas 24: 44, 45

Nota: Cuando Jesús mencionaba las Escrituras, Él se refería al Viejo Testamento, pues el Nuevo Testamento no se había escrito.

De acuerdo a Jesús, ¿a quién se refiere el Viejo Testamento?

"Escudriñad las Escrituras, porque a vosotros os parece que en ellas tenéis la vida eterna; y ellas son las que dan testimonio de mí."   Juan 5:39

"Entonces él les dijo: ¡Oh insensatos, y tardos de corazón para creer en todo lo que los profetas han dicho! ¿No era necesario que el Cristo padeciera estas cosas, y que entrara en su gloria? *Y comenzando desde Moisés, y siguiendo por todos los profetas, se puso a explicarles en todas las Escrituras lo referente a él.*"   Lucas 24:25-27

¿Por qué fueron registradas en la Biblia las experiencias de hombres y mujeres?

"*Y estas cosas les acontecieron como ejemplo, y fueron escritas para amonestarnos a nosotros,* a quienes han alcanzado los fines de los siglos."   1 Corintios 10:11

¿Por qué fueron registradas en el Nuevo Testamento las experiencias de Jesús?

"*Pero éstas se han escrito para que creáis que Jesús es el Cristo, el Hijo de Dios,* y para que creyendo, tengáis vida en su nombre."   Juan 20:31

¿Cuál puede ser el resultado de estudiar las Sagradas Escrituras?

"Y que desde la infancia sabes *las Sagradas Escrituras, las cuales te pueden hacer sabio para salvación* por medio de la fe que es en Cristo Jesús."   2 Timoteo 3:15

¿Cuáles son los beneficios de las Escrituras?

"Toda Escritura es inspirada por Dios, y útil para enseñar, para redargüir, para corregir, para instruir en justicia, a fin de que el hombre de Dios sea enteramente apto, bien pertrechado para toda buena obra."   2 Timoteo 3:16, 17

¿En dónde, según Jesús, encontraremos 'la Verdad'?

"Santifícalos en tu verdad; *tu palabra es verdad."*   Juan 17:17

¿Qué error cometieron los Saduceos (una secta de los Judíos) referente a las Escrituras?

"Entonces, respondiendo Jesús, les dijo: *Estáis en un error, por no saber las Escrituras ni el poder de Dios."*   Mateo 22:29

¿Por qué no puede el hombre, con su naturaleza pecaminosa, comprender los temas espirituales?

"Y nosotros no hemos recibido el espíritu del mundo, sino el Espíritu que proviene de Dios, para que sepamos lo que Dios nos ha otorgado gratuitamente, lo cual también hablamos, no con palabras enseñadas por sabiduría humana, sino con las que enseña el Espíritu, acomodando lo espiritual a lo espiritual. *Pero el hombre natural no capta las cosas que son del Espíritu de Dios,* porque para él son locura, y no las puede conocer, *porque se han de discernir espiritualmente."*
1 Corintios 2:12-14

¿Quién es el único que nos guía hacia la verdad?

"Pero *cuando venga el Espíritu de verdad, él os guiará a toda la verdad;* porque no hablará por su propia cuenta, sino que hablará todo cuanto oiga, y os hará saber las cosas que habrán de venir."   Juan 16:13

¿Por qué debemos de estudiar la Biblia?

"*Procura con diligencia presentarte a Dios aprobado,* como obrero que no tiene de qué avergonzarse, que traza rectamente la palabra de verdad."
2 Timoteo 2:15

¿Con qué frecuencia debemos de estudiar y escudriñar la Biblia?

"Y éstos (Cristianos en Berea) eran más nobles que los de Tesalónica, pues *recibieron la palabra con toda solicitud, escudriñando cada día las Escrituras* para ver si estas cosas eran así."
Hechos 17:11

Promesas Para Meditar:

"*Lámpara es para mis pies tu palabra, y luz* para mi camino."   Salmos 119:105

"En mi corazón he guardado tus dichos, *para no pecar contra ti.*"   Salmos 119:11

¿Quién es Dios?

¿Cómo es presentado Dios en la Biblia?

"En el principio creó Dios los cielos y la tierra."　　　　　　　　　　　　　　Génesis 1:1

¿Desde cuándo existe Dios?

"Antes que naciesen los montes y formases la tierra y el mundo, *desde el siglo y hasta el siglo, tú eres Dios."*　　　　　　　　　　　　　　Salmos 90:2

¿Dónde mora nuestro Dios?

"Oye, pues, la oración de tu siervo, y de tu pueblo Israel; cuando oren en este lugar, *también tu lo oirás en el lugar de tu morada, en los cielos;* escucha y perdona."　　　　　　　　　　　1 Reyes 8:30

¿Qué evidencia de la existencia de Dios podemos ver o percibir?

"Los cielos cuentan la gloria de Dios, y el firmamento anuncia la obra de sus manos."　Salmos 19:1

"Te alabo, porque formidables, *prodigiosas son tus obras*; prodigio soy yo mismo, y mi alma lo sabe muy bien."　　　　　　　　　　　Salmos 139:14

"Pero pregunta ahora a las bestias, y ellas te enseñaran; a las aves de los cielos, y ellas te informarán. O habla a la tierra, y ella te enseñará; los peces del mar te lo

declararán también. *¿Qué cosa de todas éstas no
entiende que la mano de Jehová la hizo?"*

Job 12:7-9

¿Por qué es nuestro Padre celestial diferente a todos los otros dioses que el hombre ha venerado?

"Acordaos de las cosas pasadas desde los tiempos
antiguos; porque *yo soy Dios, y no hay otro
Dios, y nada hay semejante a mí, que anuncio
lo por venir desde el principio, y desde la
antigüedad lo que aún no era hecho;* que digo:
Mis planes permanecerán, y haré todo lo que quiero."

Isaías 46:9, 10

"Porque todos los dioses de los pueblos son meras
figuras; pero *Jehová hizo los cielos.*"   Salmos 96:5

"Porque así dijo Jehová, que creó los cielos; él es
Dios, el que formó la tierra, el que la hizo y la compuso;
no la creó en vano; la creó para que fuese habitada: *Yo
soy Jehová, y no hay otro.*"   Isaías 45:18

Declaraciones de las Escrituras acerca de Dios:

a. *"Señor, eres digno* de recibir la gloria y el honor
    y el poder; *porque tu creaste todas las cosas,*
    y por tu voluntad existen y fueron creadas."

Apocalipsis 4:11

b. *"Porque el Dios nuestro es grande sobre
    todos los dioses."*   2 Crónicas 2:5

c. *"Porque con Dios todo es posible."*

Marcos 10:27

d. "Él sana a los quebrantados de corazón . . . . *Su entendimiento es infinito*"   Salmos 147:3-5

e. *"Porque Yo Jehová no cambio."*

Malaquías 3:6

f. "El que no ama no ha conocido a Dios, *porque Dios es amor."*   1 Juan 4:8

¿Qué descripción le dio Dios de Sí mismo a Moisés?

"Y pasando Jehová por delante de él, proclamó: *¡Jehová! ¡Jehová! fuerte, misericordioso y piadoso; tardo para la ira, y grande en misericordia y verdad;* que guarda misericordia a millares, que perdona la iniquidad, la rebelión y el pecado, y que de ningún modo tendrá por inocente al malvado; que visita la iniquidad de los padres sobre los hijos y sobre los hijos de los hijos, hasta la tercera y cuarta generación."

Éxodo 34:6, 7

¿Cuál es la relación que quiere tener Dios con todos nosotros?

"Mirad qué amor tan sublime nos ha dado el Padre, *para que seamos llamados hijos de Dios."*

1 Juan 3:1

"Bueno es Jehová para con todos, y la ternura de su amor sobre todas sus obras."   Salmos 145:9

"Para que así lleguéis a ser hijos de vuestro Padre que está en los cielos, que hace salir su sol sobre malos y buenos, y que hace llover sobre justos e injustos."   Mateo 5:45

¿Por Qué Hay Pecado Y Sufrimiento?

¿Quién fue el primer pecador?

"El que practica el pecado es del diablo; *porque el diablo peca desde el principio.* Para esto se manifestó el Hijo de Dios, para deshacer las obras del diablo." 1 Juan 3:8

¿Cómo vino el diablo (Satanás) a este mundo?

"Y les dijo: *Yo veía a Satanás caer del cielo como un rayo.*" Lucas 10:18

¿Qué clase de ser era Satanás?

"*Tú eras el querubín protector, de alas desplegadas;* yo te puse en el santo monte de Dios, allí estuviste; en medio de las piedras de fuego te paseabas. *Perfecto eras en todos tus caminos desde el día que fuiste creado, hasta que se halló en ti maldad.*" Ezequiel 28:14, 15

Nota: El "querubín protector, de alas desplegadas" es una descripción del ángel que permanecía ante el trono celestial de Dios. Salmos 80:1 Este ángel era perfecto y fue el más ilustre de todos los seres creados, hasta que se convirtió él mismo en un demonio, pues trato de imponer su voluntad sobre la voluntad de Dios.

¿Qué contribuyó a la rebelión y caída de Satanás en el cielo?

"*Se enalteció tu corazón* a causa de tu hermosura, *corrompiste tu sabiduría a causa de tu esplendor;* yo te he arrojado por tierra; delante de los reyes te he puesto por espectáculo." Ezequiel 28:17

¿Cuál era la ambición de Satanás?

"¡Cómo caíste del cielo, oh Lucero, hijo del Alba! Cortado fuiste por tierra, tú que abatías a las naciones. Tú que decías en tu corazón: *Subiré al cielo; por encima de las estrellas de Dios, levantaré mi trono, y en el monte de la Reunión me sentaré,* en el extremo norte; *sobre las alturas de las nubes subiré, y seré semejante al Altísimo.*" Isaías 14:12-14

Nota: Lucero era el nombre de Satanás antes de su caída.

¿Qué ocurrió en el cielo después que Satanás se rebeló?

"Después *hubo una gran batalla en el cielo:* Miguel y sus ángeles luchaban contra el dragón; y luchaban el dragón y sus ángeles; pero no prevalecieron, ni se halló ya lugar para ellos en el cielo. *Y fue lanzado fuera el gran dragón, la serpiente antigua, que se llama diablo y Satanás, el cual engaña al mundo entero; fue arrojado a la tierra,* y sus ángeles fueron arrojados con él.

Apocalipsis 12:7-9

¿A quién trató de engañar Satanás después que fue expulsado?

"Pero la serpiente era astuta, más que todos los animales del campo que Jehová Dios había hecho; *la cual dijo a la mujer:* ¿Conque Dios os ha dicho: No comáis de todo árbol del huerto? Y la mujer respondió a la serpiente: Del fruto de los árboles del huerto podemos comer; pero del fruto del árbol que esta en medio del huerto dijo Dios: No comeréis de él, ni le tocaréis, para que no muráis. Entonces la serpiente dijo a la mujer: *No moriréis;* sino que sabe Dios que el día que comáis de él, serán abiertos vuestros ojos, y seréis como Dios, sábiendo el bien y el mal. Vio, pues, la mujer que el árbol era bueno para comer, y que era agradable a los ojos, y árbol codiciable para alcanzar la sabiduría; y tomó de su fruto, y comió; y dio también a su marido, el cual comió así como ella."   Génesis 3:1-6

¿Qué territorio reclamó Satanás como suyo, después de la caída del hombre?

"El diablo le condujo a un alto monte y *le mostró en un momento todos los reinos de la tierra* habitada; y *le dijo el diablo: Te daré todo este poderío* y la gloria de estos reinos, pues *a mí me ha sido entregado,* y se lo doy a quien quiero."
                                                    Lucas 4:5, 6

¿Cómo emplea Satanás su tiranía sobre la humanidad?

"Entonces salió Satanás de la presencia de Jehová, *e hirió a Job con unas llagas malignas* desde la planta del pie hasta la coronilla de la cabeza."
                                                        Job 2:7

"Y a está que es hija de Abraham, *a quien Satanás tuvo atada durante dieciocho años,* ¿no se le debía desatar . . . ?"   Lucas 13:16

¿Por qué está Satanás aumentando su esfuerzo para arruinar a la humanidad?

"Y oí una gran voz en el cielo, que decía: Ahora ha venido la salvación, el poder, y el reino de nuestro Dios, y la autoridad de su Cristo; porque *ha sido lanzado fuera el acusador de nuestros hermanos,* el que los acusaba delante de nuestro Dios día y noche." "Por lo cual, alegraos, cielos, y los que moráis en ellos. *¡Ay de los moradores de la tierra y del mar!, porque el diablo ha descendido a vosotros con gran furor, sabiendo que tiene poco tiempo."*
                                              Apocalipsis 12:10, 12

¿Cómo ganó Jesús el derecho para finalmente destruir al diablo?

"Así que, por cuanto los hijos han tenido en común una carne y una sangre, él también participó igualmente de los mismo, *para, por medio de la muerte, destruir el poder al que tenía el imperio de la muerte, esto es, al diablo."*   Hebreos 2:14

"El que practica el pecado es del diablo; porque el diablo peca desde el principio. *Para esto se manifestó el Hijo de Dios, para deshacer las obras del diablo."*   1 Juan 3:8

¿Cómo finalmente destruirá Dios al diablo?

"A causa de la multitud de tus contratos se llenó tu interior de violencia, y pecaste; por lo que *yo te eché del monte de Dios como cosa impura, y te arrojé de entre las piedras del fuego, oh querubín protector.* Se enalteció tu corazón a causa de tu hermosura, corrompiste tu sabiduría a causa de tu esplendor; *yo te he arrojado por tierra; delante de los reyes* te he puesto por espectáculo. Con la multitud de tus maldades y con la iniquidad de tus contratos profanaste tus santuarios; yo, pues, *saqué un fuego de en medio de ti, el cual te consumió, y te he convertido en ceniza sobre la tierra a los ojos de todos los que te miran.* Todos los que te conocieron de entre los pueblos se asombrarán de ti; serás objeto de terror, y para siempre dejarás de ser."

Ezequiel 28: 16-19

El Pecado Penetra La Familia Humana

¿Cuáles fueron las instrucciones de Dios para Adán en el huerto del Edén?

"Tomó, pues, Jehová Dios al hombre, y lo puso en el huerto de Edén, para que lo labrara y lo guardase. *Y mandó Jehová Dios al hombre, diciendo: De todo árbol del huerto podrás comer; mas del árbol de la ciencia del bien y del mal no comerás; porque el día que de él comieres, ciertamente morirás.*"   Génesis 2:15-17

Pero Adán y Eva desobedecieron a Dios . . .

"Entonces la serpiente dijo a la mujer: No moriréis; sino que sabe Dios que el día que comáis de él, serán abiertos vuestros ojos, y seréis como Dios, sabiendo el bien y el mal. *Vio, pues, la mujer que el árbol era bueno para comer, y que era agradable a los ojos, y árbol codiciable para alcanzar la sabiduría; y tomó de su fruto, y comió; y dio también a su marido, el cual comió así como ella.*"   Génesis 3:4-6

¿Cuál fue el resultado de la desobediencia de ellos?

"Y dijo Jehová Dios: He aquí el hombre es como uno de nosotros, sabiendo el bien y el mal; ahora, *pues, que no alargue su mano, y tome también del árbol de la vida, y coma, y viva para siempre. Y lo sacó Jehová del huerto del Edén,* para que labrase la tierra de que fue tomado. *Echó, pues, fuera al hombre,* y puso al oriente del huerto de Edén querubines, y una espada encendida que se revolvía por todos lados, para guardar el camino del árbol de la vida."

Génesis 3:22-24

¿Cómo afectó el pecado la relación entre Dios y el hombre?

"Pero vuestra iniquidades han hecho separación entre vosotros y vuestro Dios, y vuestros pecados han hecho ocultar de vosotros su rostro para no escucharos."   Isaías 59:2

¿Cuál ha sido el resultado del pecado de Adán sobre toda la humanidad?

"Por tanto, *así como el pecado entró en el mundo por medio de un hombre, y por medio del pecado la muerte, así también la muerte alcanzó a todos los hombres,* por cuanto todos pecaron."   Romanos 5:12

¿Hay algún otro ser, además de Jesús, que no haya pecado?

"Por cuanto todos pecaron, y están destituidos de la gloria de Dios."   Romanos 3:23

¿Puede el hombre pecaminoso hacer algo para cambiar su condición caída?

"¿Podrá mudar el etíope su piel, o el leopardo sus manchas? *Así también, ¿podréis vosotros hacer el bien, estando habituados a hacer el mal?*"

Jeremías 13:23

¿Cómo podemos obtener la vida eterna?

"*Porque la paga del pecado es muerte, mas la dádiva de Dios es vida eterna en Cristo Jesús Señor nuestro.*" Romanos 6:23

Nota: La vida eterna es una dádiva de Dios, pero nosotros la tenemos que aceptar.

¿A cuantas personas está Dios dispuesto a salvar?

"*El Señor* no retarda su promesa, según algunos la tienen por tardanza, sino que es paciente para con nosotros, *no queriendo que nadie perezca,* sino que todos vengan al arrepentimiento." 2 Pedro 3:9

Aunque Dios es amor, Él también es justo. ¿Qué es lo que Dios no pasará por alto?

"*¡Jehová! ¡Jehová!* fuerte, misericordioso y piadoso; tardo para la ira, y grande en misericordia y verdad; que guarda misericordia a millares, que perdona la iniquidad, la rebelión y el pecado, y que *de ningún modo tendrá por inocente al malvado.*"

Éxodo 34:6, 7

¿Qué medio empleó Dios para salvarnos?

"Porque de tal manera amó Dios al mundo, que *ha dado a su Hijo unigénito,* para que todo aquel que cree en él no perezca, sino que tenga vida eterna."

Juan 3:16

¿A qué vino Jesús al mundo?

"A buscar y a salvar lo que se había perdido."

Lucas 19:10

"Porque él salvará a su pueblo de sus pecados."   Mateo 1:21

¿Qué cargó Dios Padre sobre Jesús mientras moría en la cruz?

"Todos nosotros nos descarriamos como ovejas, cada cual se apartó por su camino; y *Jehová cargó sobre él la iniquidad de todos nosotros."*   Isaías 53:6

¿Qué tenemos que hacer para recibir la gracia de Dios?

"Porque por gracia habéis sido salvados por medio de la fe; y esto no proviene de vosotros, *pues es don de Dios."*   Efesios 2:8

¿Qué le dijo Pablo al carcelero que hiciera para ser salvo?

"Cree en el Señor Jesucristo, y serás salvo, tú y tu casa."   Hechos 16:31

¿Cuándo debemos de aceptar el don de salvación?

"He aquí ahora el tiempo favorable; he aquí ahora el día de salvación."   2 Corintios 6:2

La Biblia nos dice que Jesús está a la puerta de nuestro corazón y llama; ¿A qué nos invita?

"He aquí, yo estoy a la puerta y llamo; si alguno oye mi voz y *abre la puerta,* entraré a él, y cenaré con él, y él conmigo."   Apocalipsis 3:20

¿Qué seguridad podemos tener al aceptar a Jesús en nuestro corazón?

"El que tiene al Hijo, tiene la vida; el que no tiene al Hijo de Dios no tiene la vida. Estas cosas os he escrito a vosotros que creéis en el nombre del Hijo de Dios, *para que sepáis que tenéis vida eterna, y para que sigáis creyendo en el nombre del Hijo de Dios.*"   1 Juan 5:12, 13

¿Qué pasamos a ser cuando aceptamos a Jesús como Señor y Salvador nuestro?

"Pero a todos los que le recibieron, a los que creen en su nombre, *les dio potestad de ser hechos hijos de Dios.*"   Juan 1:12

Jesús, Dios Hecho Hombre

¿Desde cuándo existe Jesús, el Hijo de Dios?

"Pero tú, Belén Efrata, aunque eres pequeña para ser contada entre las familias de Judá, de ti me saldrá el que será Señor en Israel; y *sus orígenes son desde el principio, desde los días de la eternidad.*"

Miqueas 5:2

"Ahora pues, Padre, *glorifícame tú al lado tuyo, con aquella gloria que tuve contigo antes que el mundo existiese.*" Juan 17:5

¿Quién es Jesús, conforme a la Biblia?

"En el principio era el Verbo, y el Verbo estaba con Dios, y *el Verbo era Dios.*" "Y el Verbo se hizo carne, y habitó entre nosotros." Juan 1:1,14

¿Qué nos dice el apóstol Pablo acerca de Jesús?

"E indiscutiblemente, grande es el misterio de la piedad: *Dios fue manifestado en carne,* justificado en el Espíritu, visto de los ángeles, predicado a los gentiles, creído en el mundo, recibido arriba en gloria."

1 Timoteo 3:16

¿Qué dijeron otros testigos acerca de Jesús?

a. Pedro dijo: "Tu eres el Cristo, *el Hijo del Dios viviente."*   Mateo 16:16

b. El Centurión Romano dijo: "Verdaderamente, *éste era Hijo de Dios."*   Mateo 27:54

c. Dios Padre dijo: *"Este es mi Hijo, el amado,* en quien he puesto mi complacencia."   Mateo 3:17

d. El discípulo Tomás dijo: *"Señor mío, y Dios mío!"*   Juan 20:28

¿Qué papel desempeñó Jesús en la creación de este mundo?

"En el principio era el Verbo, y el Verbo estaba con Dios, y el Verbo era Dios. Éste estaba en el principio junto a Dios. *Todas las cosas por medio de él fueron hechas, y sin él nada de lo que ha sido hecho, fue hecho . . . .* Y el Verbo se hizo carne, y habitó entre nosotros."   Juan 1:1-3, 14

"Porque por él fueron creadas todas las cosas, las que hay en los cielos y las que hay en la tierra, las visibles y las invisibles; sean tronos, sean dominios, sean principados, sean potestades; todo fue creado por medio de él y para él."   Colosenses 1:16

"Muchas veces y de muchos modos habló Dios en el pasado a nuestros Padres por medio de los Profetas; en éstos últimos tiempos nos ha hablado por medio del Hijo a quién instituyó heredero de todo, *por quién también hizo los mundos."*   Hebreos 1:1, 2
(Biblia de Jerusalén, Edición Popular)

¿Qué hizo Jesús para llegar a ser nuestro Salvador?

"Haya, pues, entre vosotros los mismos sentimientos que hubo también en Cristo Jesús, *el cual, siendo en forma de Dios,* no consideró el ser igual a Dios como cosa a que aferrarse, sino que se despojó a sí mismo, tomando forma de siervo, *hecho semejante a los hombres;* y hallado en su porte exterior como hombre, *se humilló a sí mismo, al hacerse obediente hasta la muerte,* y muerte de cruz."   Filipenses 2:5-8

¿Por qué bajo Jesús del cielo y vino a morir entre nosotros?

"Porque el Hijo del Hombre vino a buscar y a salvar lo que se había perdido."   Lucas 19:10

"Es palabra fiel y digna de toda aceptación: que *Cristo Jesús vino al mundo para salvar a los pecadores,* de los cuales yo soy el primero."

1 Timoteo 1:15

¿Qué le dijo el ángel a María acerca de Jesús?

"El ángel le respondió y le dijo: El Espíritu Santo vendrá sobre ti, y el poder del Altísimo te cubrirá con su sombra; *por lo cual también lo santo que va a nacer será llamado Hijo de Dios."*   Lucas 1:35

¿Qué nos dice Pedro de la vida de Jesús?

"Como *ungió Dios con el Espíritu Santo y con poder a Jesús de Nazaret,* y cómo éste pasó haciendo el bien y sanando a todos los oprimidos por el diablo, *porque Dios estaba con él."*   Hechos 10:38

¿Qué respondió Jesús cuando los discípulos le pidieron que les mostrara al Padre?

"Jesús le dijo: *¿Tanto tiempo hace que estoy con vosotros, y no me has conocido, Felipe? El que me ha visto a mí, ha visto al Padre;* ¿cómo, pues, dices tú: Muéstranos el Padre? ¿No crees que yo estoy en el Padre, y el Padre está en mí?

Juan 14:9, 10

¿Qué tipo de vida vivió Jesús en la tierra?

"*El cual no hizo pecado, ni se halló ningún engaño en su boca;* quien cuando le maldecían, no respondía con maldición; cuando padecía, no amenazaba, sino que encomendaba la causa al que juzga justamente."

1 Pedro 2: 22, 23

¿Qué demostración hizo Dios por medio de la muerte de Jesús?

"Mas Dios muestra su amor para con nosotros, en que *siendo aún pecadores, Cristo murió por nosotros.*"   Romanos 5:8

Promesas Para Meditar:

"Y en ningún otro hay salvación; *porque no hay otro nombre bajo el cielo, dado a los hombres, en que podamos ser salvos.*"   Hechos 4:12

"*Mirad qué amor tan sublime nos ha dado el Padre, para que seamos llamados hijos de Dios.*"

1 Juan 3:1

El Camino A La Vida Eterna

¿Cuántas personas "buenas" hay en la tierra?

"Como está escrito: *No hay justo, ni aun uno.*"
Romanos 3:10

El apóstol Pablo expresa así el dilema humano:

"Porque yo sé que *en mí, esto es, en mi carne, no mora el bien; porque el querer el bien lo tengo a mi alcance, pero no el hacerlo. Porque no hago el bien que quiero, sino el mal que no quiero, eso es lo que pongo por obra.* Y si lo que no quiero, eso es lo que hago, ya no lo obro yo, sino el pecado que mora en mí."
Romanos 7:18-20

¿Por qué dijo Pablo que el hombre, en su estado pecaminoso, no puede agradar a Dios?

"Por cuanto *la mentalidad de la carne es enemistad contra Dios; porque no se somete a la ley de Dios,* ya que ni siquiera puede; *y los que viven según la carne no pueden agradar a Dios.*"
Romanos 8:7, 8

¿Qué sucede cuando permitimos que nuestra naturaleza pecaminosa nos domine?

"Porque *la mentalidad de la carne es muerte,* pero la mentalidad del Espíritu es vida y paz."

Romanos 8:6

¿Pudo Pablo llegar a encontrar liberación de su estado pecaminoso?

"¡Miserable hombre de mí!; *¿quién me libertará de este cuerpo de muerte? Gracias doy a Dios, por medio de Jesucristo nuestro Señor.* Así que, yo mismo con la mente sirvo a la ley de Dios, mas con la carne a la ley del pecado."   Romanos 7: 24, 25

La fe en Cristo le permitió a Pablo vivir una vida cristiana feliz:

"Con Cristo estoy juntamente crucificado, y ya no vivo yo, sino que Cristo vive en mí; y *lo que ahora vivo en la carne, lo vivo en la fe del Hijo de Dios,* el cual me amó y se entregó a sí mismo por mí."

Gálatas 2:20

¿Cómo describió Jesús la experiencia de la conversión?

"Respondió Jesús y le dijo: De cierto, de cierto te digo, *que el que no nace de nuevo,* no puede ver el reino de Dios."   Juan 3:3

¿Pudo entender Nicodemo lo que Jesús le dijo?

"Nicodemo le dijo: *¿Cómo puede un hombre nacer siendo viejo?* ¿Puede acaso entrar por segunda vez en el vientre de su madre, y nacer?"   Juan 3:4

¿Cómo le explicó Jesús a Nicodemo que él podía nacer de nuevo?

"Respondió Jesús: De cierto, de cierto te digo, que *el que no nace de agua y del Espíritu,* no puede entrar en el reino de Dios. Lo que es nacido de la carne, carne es; y lo que es nacido del Espíritu, espíritu es. *No te asombres de que te dije: Os es necesario nacer de nuevo."*   Juan 3:5-7

¿Cómo Dios lleva a cabo este cambio (conversión) en nuestras vidas?

"El viento sopla donde quiere, y oyes su sonido; pero no sabes de dónde viene, ni adónde va; *así es todo aquel que es nacido del Espíritu."*   Juan 3:8

"Porque *todos los que son guiados por el Espíritu de Dios,* éstos son hijos de Dios."

           Romanos 8:14

¿Cómo describe Pablo a la persona que ha "nacido de nuevo"?

"De modo que *si alguno está en Cristo, nueva criatura es;* las cosas viejas pasaron; he aquí, *todas son hechas nuevas."*   2 Corintios 5:17

¿Cómo nos da Dios la sabiduría y el deseo para obedecerle?

"Porque *Dios es el que en vosotros opera* tanto el querer como el hacer, por su buena voluntad."

           Filipenses 2:13

"Este es el pacto que haré con ellos después de aquellos días, dice el Señor: *Pondré mis leyes en sus corazones, y las inscribiré en sus mentes."*

           Hebreos 10:16

¿Continuará el nuevo Cristiano viviendo una vida pecaminosa?

"¿Qué, pues, diremos? *¿Permanezcamos en el pecado* para que la gracia abunde? *¡En ninguna manera!* Los que hemos muerto al pecado, ¿cómo viviremos aún en él? ¿O ignoráis que todos los que hemos sido bautizados en Cristo Jesús, hemos sido bautizados en su muerte? Fuimos, pues, sepultados juntamente con él para muerte por medio del bautismo, a fin de que *como Cristo resucitó de los muertos* por la gloria del Padre, *así también nosotros andemos en novedad de vida."*   Romanos 6:1-4

¿Podemos esperar perdón si pecamos después de haber nacido de nuevo?

"Hijitos míos, *os escribo estas cosas para que no pequéis; y si alguno peca, abogado tenemos para con el Padre, a Jesucristo el justo."*
1 Juan 2:1

"Si confesamos nuestros pecados, él es fiel y justo para perdonarnos nuestros pecados, y limpiarnos de toda iniquidad."   1 Juan 1:9

Promesa Para Meditar:

"Todo lo puedo *en Cristo* que me fortalece."
Filipenses 4:13

El Cielo Será Un Lugar Real

Justo antes de Su muerte y resurrección, ¿qué promesa le hizo Jesús a Sus discípulos?

"No se turbe vuestro corazón; creéis en Dios, creed también en mí. En la casa de mi Padre hay muchas mansiones; si no, ya os lo hubiera dicho; voy, pues, a preparar lugar para vosotros. *Y si me voy y os preparo lugar, vendré otra vez, y os tomaré conmigo, para que donde yo estoy, vosotros también estéis.*"

Juan 14:1-3

¿Cómo nos describe la Biblia la "casa del Padre"?

"Y yo Juan vi *la santa ciudad, la nueva Jerusalén . . .* dispuesta como una novia ataviada para su esposo."

Apocalipsis 21:2

¿Cómo describe la Biblia esta Santa Ciudad, La Nueva Jerusalén?

a. "La ciudad se halla establecida en cuadro, y su longitud es igual a su anchura; y él midió la ciudad con la caña, doce mil estadios; *la longitud, la altura y la anchura de ella son iguales.*"

Apocalipsis 21:16

Nota: Un estadio es 1/8 de una milla inglesa, lo que nos

indica que, ¡esta ciudad, formando un cuadrado perfecto, tiene aproximadamente 375 millas por cada lado!

b.   **"El material** de su muro era de jaspe; pero *la ciudad* **era de oro puro, semejante al cristal puro."**
Apocalipsis 21:18

c.   "Los cimientos del muro de la ciudad estaban *adornados con toda clase de piedras preciosas."*
Apocalipsis 21:19

d.   "Con doce puertas . . . . *y las doce puertas eran doce perlas; cada una de las puertas era una perla.* Y la calle de la ciudad era de oro puro, como cristal transparente."
Apocalipsis 21:12, 21

e.   *"La ciudad no tiene necesidad de sol ni de luna que brillen en ella; porque la gloria de Dios la ilumina, y el* Cordero es su lumbrera."
Apocalipsis 21:23

¿Qué árbol, en particular, se encontrará en la Nueva Jerusalén, que también crecía en el Huerto del Edén?

a.   "En medio de la calle de la ciudad, y a uno y otro lado del río, *estaba el árbol de la vida, que produce doce frutos, dando cada mes su fruto;* y las hojas del árbol eran para la sanidad de las naciones."
Apocalipsis 22:2

b.   "Y lo sacó (a Adan) Jehová del huerto del Edén . . . . y puso al oriente del huerto de Edén querubines, y una espada encendida que se revolvía por todos lados, para guardar el camino *del árbol de la vida."*
Génesis 3:23, 24

Dios desea hacer de esta tierra un hogar eterno para aquellos que serán salvos:

"Bienaventurados los apacibles, *porque ellos recibirán la tierra por heredad.*"   Mateo 5:5

Nota: Esto ocurrirá al final de un período de mil años, durante el cual los redimidos estarán en el cielo con Dios. Una explicación más completa de estos mil años la encontrará en una de las próximas lecciones titulada: "1,000 Años De Paz" (Vea página 180).

Dios volverá a crear la tierra:

a. "Pero *esperamos, según su promesa, cielos nuevos y tierra nueva,* en los cuales habita la justicia."   2 Pedro 3:13

b. "Vi un cielo nuevo y una tierra nueva; porque el primer cielo y la primera tierra desaparecieron, y el mar ya no existe más."   Apocalipsis 21:1

¡Dios traerá Su hermosa ciudad, la Nueva Jerusalén, a la tierra!

"Y yo Juan vi la santa ciudad, la nueva Jerusalén, descender del cielo, de junto a Dios, dispuesta como una novia ataviada para su esposo. Y oí una gran voz procedente del cielo que decía: He aquí el tabernáculo de Dios con los hombres, y él morará con ellos; y ellos serán su pueblo, y Dios mismo estará con ellos como su Dios."   Apocalipsis 21:2, 3

¡La tierra, hecha de nuevo, será perfecta!

a. "*Entonces los ojos de los ciegos serán abiertos, y los oídos de los sordos se destaparán. Entonces el cojo saltará como un ciervo, y cantará la lengua del mudo;* porque serán alumbradas aguas en el desierto, y torrentes en la soledad."   Isaías 35:5, 6

b. *"El lobo y el cordero serán apacentados juntos, y el león comerá paja como el buey* . . . No harán más daño ni destruirán en todo mi santo monte, dice Jehová."   Isaías 65:25

c. *"Ya no tendrán hambre ni sed,* y el sol no caerá más sobre ellos, ni ardor alguno."
          Apocalipsis 7:16

d. "Y limpiará Dios toda lágrima de los ojos de ellos, y la muerte no será más. Y no habrá más llanto, ni clamor, ni dolor, porque las primeras cosas son pasadas."   Apocalipsis 21:4
          (Reina Valera, Revisión de 1979)

¡Los redimidos de Dios serán recompensados!

"Edificarán casas, y morarán en ellas; plantarán viñas, y comerán el fruto de ellas. No edificarán para que otro habite, ni plantarán para que otro coma; porque según los días de un árbol añoso serán los días de mi pueblo, *y mis escogidos disfrutarán de la obra de sus manos."*   Isaías 65:21, 22

Adorarán y alabarán a Dios:

"Y sucederá que de mes en mes, y de sábado en sábado, *vendrán todos a adorar delante de mí, dijo Jehová."*   Isaías 66:23

Conforme con las enseñanzas de Jesús, en el cielo conoceremos a otros personajes de la Biblia:

"Y os digo que *vendrán muchos del oriente y del occidente, y se sentarán con Abraham e Isaac y Jacob en el reino de los cielos.*"

Mateo 8:11

De acuerdo con el apóstol Pablo, los amigos se verán y se reconocerán en el cielo:

"Pues ahora vemos mediante espejo, borrosamente; mas *entonces veremos cara a cara.* Ahora conozco en parte; *pero entonces conoceré tan cabalmente como soy conocido.*"   1 Corintios 13:12

Promesa Para Meditar:

"Cosas que el ojo no vio, ni el oído oyó, ni han subido al corazón del hombre, son las que Dios ha preparado para los que le aman."   1 Corintios 2:9

¡Jesús Vendrá De Nuevo!

Bajo juramento, ¿qué declaración hizo Jesús ante el Sumo Sacerdote durante Su juicio?

"Jesús le dijo: Tú lo has dicho; y además os digo, que *a partir de ahora veréis al Hijo del Hombre sentado a la diestra del Poder, y viniendo sobre las nubes del cielo.*"   Mateo 26:64

¿Por qué regresará Jesús?

"Voy, pues, a preparar lugar para vosotros. Y si me voy y os preparo lugar, *vendré otra vez, y os tomaré conmigo, para que donde yo estoy, vosotros también estéis.*"   Juan 14:2, 3

¿Existe otra razón para Su segunda venida?

a. "Porque el Hijo del Hombre ha de venir en la gloria de su Padre con sus ángeles, *y entonces pagará a cada uno conforme a su conducta.*"

Mateo 16:27

b. "Mira que *yo vengo pronto, y mi galardón conmigo, para recompensar a cada uno según sea su obra.*"

Apocalipsis 22:12

¡Su Venida Será Literal!

Conforme al testimonio de los ángeles celestiales, ¿cómo regresará Jesucristo a la tierra?

"Y habiendo dicho estas cosas, viéndolo ellos, *fue alzado, y le tomó sobre sí una nube que le ocultó de sus ojos.* Y estando ellos con los ojos puestos en el cielo, entretanto que él se iba, he aquí que se pusieron junto a ellos dos varones con vestiduras blancas, los cuales también les dijeron: Varones galileos, ¿por qué estáis mirando al cielo? *Este mismo Jesús, que ha sido tomado de vosotros al cielo, vendrá así, tal como le habéis visto ir al cielo."*

Hechos 1:9-11

¡Su Venida Será Visible!

¡Todos los que vivan, cuando Jesús regrese, lo verán venir!

a. *"He aquí que viene con las nubes, y todo ojo le verá,* y los que le traspasaron; y todos los linajes de la tierra harán lamentación por él. Sí, amén."
Apocalipsis 1:7

b. "Y los reyes de la tierra, los magnates, los ricos, los tribunos, los poderosos, y todo siervo y todo libre, se escondieron en las cuevas y entre las peñas de los montes; *y decían a los montes y a las peñas: Caed sobre nosotros, y escondednos del rostro del que está sentado sobre el trono, y de la ira del Cordero;* porque el gran día de su ira ha llegado; ¿y quién podrá sostenerse en pie?"
Apocalipsis 6:15-17

¡Su Venida Sera Audible!

¿Qué sonidos triunfales sacudirán la tierra durante el regreso de Jesús?

"Porque el Señor mismo con *voz de mando, con voz de arcángel, y con trompeta de Dios,* descenderá del cielo; y los muertos en Cristo resucitarán primero."   1 Tesalonicenses 4:16

¿Cómo nos describe Pedro el increíble sonido de ese día en el que Jesús regresará?

"Pero *el día del Señor vendrá* como un ladrón en la noche; en el cual *los cielos desaparecerán con gran estruendo,* y los elementos ardiendo serán deshechos, y la tierra y las obras que en ella hay serán quemadas."   2 Pedro 3:10

¡Cambios Dramáticos E Inmediatos Ocurrirán En Ese Día!

¿Qué cambio emocionante sucederá al regresar Jesús?

"He aquí, os digo un misterio: No todos dormiremos; pero *todos seremos transformados, en un instante, en un abrir y cerrar de ojos,* a la final trompeta; porque se tocará la trompeta, *y los muertos serán resucitados incorruptibles, y nosotros seremos transformados.*"   1 Corintios 15:51, 52

¿Qué instrucción dará Jesús a Sus ángeles cuando aparezca en las nubes?

"Entonces aparecerá la señal del Hijo del Hombre en el cielo; y entonces harán duelo todas las tribus de la

tierra, y verán al Hijo del Hombre viniendo sobre las
nubes del cielo, con poder y gran gloria. *Y enviará sus
ángeles con gran voz de trompeta, y reunirán a
sus escogidos, de los cuatro vientos, desde un
extremo del cielo hasta el otro."* Mateo 24:30, 31

¿Qué les ocurre a los justos, que están vivos, cuando Jesús aparece?

*"Luego nosotros los que vivamos, los que
hayamos quedado, seremos arrebatados
juntamente con ellos en las nubes* para salir al
encuentro del Señor en el aire, y así estaremos siempre
con el Señor."   1 Tesalonicenses 4:17

Habrá un gran terremoto:

"Y se produjo un gran terremoto . . . .   Y
el cielo desapareció como un pergamino que se enrolla; *y
todo monte y toda isla fueron removidos de su
lugar."*   Apocalipsis 6:12, 14

¡Su Venida Será Gloriosa!

¿A qué podemos comparar la gloria y el resplandor de la venida de Jesús?

"Porque *así como el relámpago* sale del oriente y
brilla hasta el occidente, *así será también la venida
del Hijo del Hombre."*   Mateo 24:27

¿Qué otra gloria será añadida a la gloria de Jesucristo en Su segunda venida?

"Porque el que se avergüence de mí y de mis palabras,
de éste se avergonzará el Hijo del Hombre *cuando venga
en su gloria, y en la del Padre, y de los santos
ángeles."*   Lucas 9:26

¡Amonestaciones Sobre Falsos Cristos!

¿Qué amonestación dio Jesús a Sus discípulos para que no fuesen engañados?

a. *"Así que si os dicen: Mirad, está en el desierto, no salgáis; o mirad, está en las habitaciones interiores, no lo creáis.* Porque así como el relámpago sale del oriente y brilla hasta el occidente, así será también la venida del Hijo del Hombre."   Mateo 24:26, 27

b. "Porque *se levantarán falsos Cristos, y falsos profetas,* y harán grandes señales y prodigios, *hasta el punto de engañar, si fuera posible, aun a los escogidos."*   Mateo 24:24

¡Su Venida Será Inesperada!

¿Quién es el único que sabe el día y la hora de la segunda venida de Jesús?

"Pero de aquel día y de aquella hora nadie sabe, ni aun los ángeles del cielo, sino *sólo mi Padre."*   Mateo 24:36

¿Por qué debemos de estar siempre preparados para el regreso de Jesús?

a. "Por tanto, también vosotros estad preparados; *porque el Hijo del Hombre vendrá a la hora que no penséis."*   Mateo 24:44

b. *"Estad alerta por vosotros mismos,* no sea que vuestros corazones se carguen de libertinaje y embriaguez y de las preocupaciones de esta vida, y venga de repente sobre vosotros aquel día. *Porque como un lazo vendrá sobre todos los que habitan sobre la faz de toda la tierra. Velad, pues, en todo tiempo orando."*

Lucas 21:34-36

Promesas Para Meditar:

"Amados, ahora somos hijos de Dios, *y aún no se ha manifestado lo que hemos de ser; pero sabemos que cuando él se manifieste, seremos semejantes a él, porque le veremos tal como él es.* Y todo aquel que tiene esta esperanza puesta en él, se purifica a sí mismo, así como él es puro."   1 Juan 3:2, 3

"Y se dirá en aquel día: *He aquí, éste es nuestro Dios,* le hemos esperado para que nos salvase; *éste es Jehová* a quien hemos esperado; *nos gozaremos y nos alegraremos en su salvación."*   Isaías 25:9

El Tiempo Se Está Acabando

¿Qué pregunta le hicieron los discípulos a Jesús con respecto al fin del mundo?

"Y estando él sentado en el monte de los Olivos, los discípulos se le acercaron aparte, diciendo: *Dinos, ¿cuándo sucederán estas cosas, y cuál será la señal de tu venida, y del final de esta época?*

Mateo 24:3

He aquí algunas de las señales, que según Jesús, ocurrirán cerca del fin del mundo:

Guerras

"Oiréis hablar de *guerras y de rumores de guerras;* mirad que no os alarméis, porque es necesario que todo eso acontezca; pero aún no es el fin. *Porque se levantará nación contra nación, y reino contra reino.*

Calamidades y Desastres Naturales

"Y habrá hambres, epidemias, y terremotos en diferentes lugares. Mas todo esto será el principio de dolores.

Persecución Religiosa

"Entonces *os entregarán a tribulación, y os matarán,* y seréis aborrecidos de todas las gentes por causa de mi nombre. *Muchos tropezarán entonces, y se entregarán unos a otros, y unos a otros se aborrecerán.*

Falsos profetas y maestros, inmoralidad y divorcio

"Y muchos falsos profetas se levantarán, y engañarán a muchos; y *debido al aumento de la iniquidad, se enfriará el amor de la mayoría."*

Mateo 24:6-12

Otras señales de los "últimos días":

Inestabilidad económica

"¡Vamos ahora, ricos! Llorad y aullad por las miserias que están a punto de sobreveniros. Vuestras riquezas se han podrido, y vuestras ropas están comidas de polilla. Vuestro oro y plata se han enmohecido . . . *Habéis acumulado tesoros en los últimos días."*

Santiago 5:1-3

Una generación orgullosa y egoísta vivirá en los últimos días

"Y debes saber esto: que *en los últimos días vendrán tiempos difíciles. Porque habrá hombres amadores de sí mismos, avaros, vanagloriosos, soberbios, blasfemos, desobedientes a los padres, ingratos, impíos, sin afecto natural, implacables, calumniadores, intemperantes, crueles, aborrecedores de lo bueno, traidores, impetuosos, infatuados, amadores de los deleites más bien que de Dios,* que tendrán apariencia de piedad, pero negarán la eficacia de ella; a éstos también evita."   2 Timoteo 3:1-5

Dos libros proféticos recibirán una atención especial en los últimos días:

a. *"Y tú, Daniel, guarda en secreto las palabras y sella el libro hasta el tiempo del fin.* Muchos correrán de aquí para allá, y *la ciencia se aumentará."*   Daniel 12:4

b. *"Revelación de Jesucristo,* que Dios le dio, *para mostrar a sus siervos las cosas que deben suceder en seguida . . . .* Bienaventurado el que lee, y los que oyen las palabras de esta profecía, y guardan las cosas escritas en ella; porque el tiempo está cerca."   Apocalipsis 1:1, 3

Nota: Estas escrituras proféticas están universalmente consideradas como apocalípticas (es decir, teniendo que ver con los acontecimientos de los últimos días), el libro de Daniel en el Viejo Testamento y el libro del Apocalipsis en el Nuevo Testamento.

¿Qué tuvo que decir Jesús con respecto a las profecías de Daniel y los eventos finales?

"Por tanto, *cuando veáis en el lugar santo la abominación de la desolación, anunciada por medio del profeta Daniel* (el que lea, entienda), entonces los que estén en Judea, huyan a los montes. . . . *Porque habrá entonces gran tribulación, cual no la ha habido desde el principio del mundo hasta ahora,* ni la habrá jamás . . . . Entonces, si alguno os dice: Mirad, aquí está el Cristo, o mirad, allí está, no lo creáis. Porque se levantarán falsos Cristos, y falsos profetas, y harán grandes señales y prodigios, hasta el punto de engañar, si fuera posible, aun a los escogidos."

Mateo 24: 15, 16, 21, 23, 24

¿Qué mensaje especial encontrado en el libro del Apocalipsis, será predicado al mundo entero justo antes del regreso de Jesucristo?

"Vi volar por en medio del cielo a otro ángel, *que tenía un evangelio eterno para predicarlo a los que habitan sobre la tierra, a toda nación, tribu, lengua y pueblo, diciendo a gran voz: Temed a Dios, y dadle gloria, porque la hora de su juicio ha llegado;* y adorad a aquel que hizo el cielo y la tierra, el mar y las fuentes de las aguas."

Apocalipsis 14:6, 7

¿Qué eventos señalarán el clímax de la crisis final en la tierra?

"Y *habrá señales en el sol, en la luna y en las estrellas, y sobre la tierra angustia de las gentes, perplejas a causa del bramido del mar y de las olas;* desmayándose los hombres por el temor y la expectación de las cosas que sobrevendrán en la tierra; *porque los poderes de los cielos serán conmovidos. Entonces verán al Hijo del Hombre, que vendrá en una nube con poder y gran gloria."*

Lucas 21:25-27

¿Qué debe de hacer el pueblo de Dios cuando vean suceder todas estas cosas?

"Cuando estas cosas comiencen a suceder, erguíos y levantad vuestra cabeza, porque vuestra redención está cerca."   Lucas 21:28

¿Cuál fue la última amonestación que le dio Jesús a Sus discípulos?

"Estad alerta por vosotros mismos, no sea que vuestros corazones se carguen de libertinaje y embriaguez y de las preocupaciones de esta vida, y venga de repente sobre vosotros aquel día . . . . *velad, pues, en todo tiempo orando que seáis tenidos por dignos de escapar de todas estas cosas que vendrán,* y de estar en pie delante del Hijo del Hombre."
Lucas 21:34, 36

Acerca De La Ley De Dios

¿Cuál era la actitud de Jesús con respecto a la ley de Dios?

"El hacer tu voluntad, Dios mío, *me ha agradado, y tu ley está en medio de mi corazón."* Salmo 40:8

¿Cómo se refirió Jesús a la ley de Dios en Su sermón más famoso?

"No penséis que he venido para abrogar la ley o los profetas; *no he venido para abrogar, sino para cumplir.* Porque de cierto os digo que *hasta que pasen el cielo y la tierra, ni una jota ni una tilde pasarán de ningún modo de la ley,* hasta que todo se haya realizado." Mateo 5:17, 18

¿Cómo Dios nos dio a conocer Su ley?

"Y dio a Moisés, cuando acabó de hablar con él en el monte de Sinay, *dos tablas del testimonio, tablas de piedra escritas con el dedo de Dios."* Éxodo 31:18

Observe estos datos de la ley de Dios:

a. Ningún ser humano estuvo involucrado en la formulación de los Diez Mandamientos, como se encuentran en Éxodo 20:1-17. Todo lo otro en la

Biblia fue escrito por profetas. ¡Pero esto no ocurrió con los Diez Mandamientos! Si algunas partes de la Palabra de Dios fueran más puras que otras, tendrían que ser los Diez Mandamientos.

No hay gobierno que exista sin leyes y sin orden. Nuestra sociedad no puede funcionar sin reglas. Los hombres no pueden formular negocios sin observar ciertos reglamentos. Los niños no pueden jugar sin reglas. ¡Hasta la naturaleza tiene sus leyes! Entonces, ¡no debe de sorprendernos que Dios gobierne Su universo por medio de leyes!

b. Los Diez Mandamientos, *escritos en piedra con el dedo de Dios, fueron puestos DENTRO del arca del pacto de Jehová.*

"En aquel tiempo, Jehová me dijo: Lábrate dos tablas de piedra como las primeras. . . . Y escribiré en aquellas tablas las palabras que estaban en las primeras tablas que quebraste; *y las pondrás en el arca. . . .* Y escribió en las tablas . . . . los diez mandamientos . . . . y me las dio Jehová. Y volví y descendí del monte, *y puse las tablas en el arca* que había hecho."

Deuteronomio 10:1-5

c. Una segunda "ley" fue *escrita por Moisés en un libro (en vez de en tablas de piedra), y fue puesta AL LADO del arca* :

"Y cuando acabó Moisés de escribir las palabras de esta ley *en un libro* hasta el fin, dio órdenes Moisés a los levitas que llevaban el arca del pacto de Jehová, diciendo: *Tomad este libro de la ley, y ponedlo al lado del arca* del pacto de Jehová vuestro Dios, y esté allí por testigo contra ti." Deuteronomio 31:24-26

Una Comparación De
la Ley de Dios y la Ley de Moisés

Ley de Dios	Ley de Moisés
Llamada "La Ley de Jehová" Isaías 5:24	**Llamada "la ley de Moisés"** Lucas 2:22; 1 Corintios 9:9
Escrita por Dios en piedra Éxodo 31:18; 32:16	**Escrita por Moisés en un libro** 2 Crónicas 35:12 Deuteronomio 31:24
Puesta "en" el arca Deuteronomio 10:2, 5	**Puesta "al lado" del arca** Deuteronomio 31:26
Nos señala el pecado Romanos 7:7; 3:20	**Añadida por el pecado** Gálatas 3:19
No es gravosa 1 Juan 5:3	**En contra nuestra** Colosenses 2:14
Llamada "La Ley Real" Santiago 2:8 (Reina Valera, Revisión de 1960)	**Llamada "la ley expresada en ordenanzas"** Efesios 2:15
Juzga a todo el mundo Santiago 2:10-12	**No juzga a nadie** Colosenses 2:14-16
Espiritual Romanos 7:14	**Carnal** Hebreos 7:16
Perfecta Salmo 19:7	**No lleva a la perfección** Hebreos 7:19

¿Cuál es el propósito de la ley de Dios?

"¿Qué diremos, pues? ¿Es la ley pecado? ¡En ninguna manera! Pero *yo no conocí el pecado, sino por la ley;* porque tampoco habría sabido lo que es la concupiscencia, si la ley no dijera: No codiciarás."

Romanos 7:7

¿Cuál es el propósito de la ley de Moisés?

"Entonces, ¿para qué sirve la ley? *Fue añadida a causa de las transgresiones.*" Gálatas 3:19

Nota: Desafortunadamente, Pablo no hace diferencia entre las dos leyes, sino que solo se refiere a "la ley". Como resultado, muchos han concluido que la ley de Dios, los Diez Mandamientos, ya no es válida. Sin embargo, a medida que leemos el contenido, inmediatamente comprendemos que la ley a la cual Pablo se refería era la ley de Moisés, pues él menciona que fue escrita "en el libro de la ley", y no en tablas de piedra. Gálatas 3:10.

Aquellos que aman a Dios y al prójimo, ¡cumplen (guardan) la Ley de Dios!

Jesús dijo:

"Amarás al Señor tu Dios con todo tu corazón, con toda tu alma, y con toda tu mente. *Éste es el primero y gran mandamiento. Y el segundo es semejante:* Amarás a tu prójimo como a ti mismo. *De estos dos mandamientos dependen toda la ley y los profetas.*" Mateo 22:37-40

Nota: Muchos piensan que los Diez Mandamientos son de Dios Padre, mientras que los mandamientos de

Jesucristo son solamente dos, apartados totalmente de los Diez Mandamientos del Viejo Testamento. Un estudio cuidadoso de los Diez Mandamientos revela que los cuatro primeros tienen que ver con nuestro amor hacia Dios, y los otros seis tienen que ver con nuestro amor hacia el prójimo. Por eso Jesús dijo: "De estos dos mandamientos dependen toda la ley." ¡Los mandamientos de nuestro Dios Padre y los de Jesucristo son uno e iguales!

"Si guardáis mis mandamientos, permaneceréis en mi amor; así como yo he guardado los mandamientos de mi Padre, y permanezco en su amor." Juan 15:10

"Por tanto, cualquiera que suprima uno de estos mandamientos aun de los más insignificantes, y enseñe así a los hombres, será llamado el menor en el reino de los cielos; mas cualquiera que los cumpla y los enseñe, éste será llamado grande en el reino de los cielos." Mateo 5:19

"Mas si quieres entrar en la vida, *guarda los mandamientos.*" Mateo 19:17

Pablo escribió:

"No debáis a nadie nada, sino el amaros unos a otros; *porque el que ama al prójimo, ha cumplido la ley.* Porque lo de: No adulterarás, no matarás, no hurtarás, no dirás falso testimonio, no codiciarás, y cualquier otro mandamiento, en esta máxima se resume: Amarás a tu prójimo como a ti mismo. El amor no hace mal al prójimo; *así que la plenitud de la ley es el amor.*" Romanos 13:8-10

La Conclusión De La Biblia:

Viejo Testamento

"La conclusión de todo el discurso oído es ésta: *Teme a Dios, y guarda sus mandamientos; porque esto es el todo del hombre.*"

Eclesiastés 12:13

Nuevo Testamento

"*Porque cualquiera que guarda toda la ley, pero ofende en un punto, se hace culpable de todos.* Porque el que dijo: No cometerás adulterio, también dijo: No cometerás homicidio. Ahora bien, si no cometes adulterio, pero cometes homicidio, ya te has hecho transgresor de la ley. Así hablad, y así haced, como los que habéis de ser juzgados por la ley de la libertad."

Santiago 2:10-12

Ley y Gracia

¿Cuál es la definición bíblica del pecado?

"Todo aquel que comete pecado, infringe también la ley; *pues el pecado es infracción de la ley.*"

1 Juan 3:4

¿Cuántos han pecado?

"Por cuanto *todos pecaron,* y están destituidos de la gloria de Dios."

Romanos 3:23

¿Qué paga nos hemos ganado por nuestros pecados?

"Porque la paga del pecado es muerte . . ."

Romanos 6:23

Entonces, ¿cómo salva Dios a los pecadores?

a. "Porque la paga del pecado es muerte, mas *la dádiva de Dios es vida eterna* en Cristo Jesús Señor nuestro."

Romanos 6:23

b. *"Porque por gracia habéis sido salvados por medio de la fe; y esto no proviene de vosotros, pues es don de Dios;* no a base de obras, para que nadie se gloríe."

Efesios 2:8, 9

Según Pablo, ¿qué efecto causa nuestra fe en Cristo a la ley de Dios?

"¿Luego invalidamos la ley por medio de la fe? ¡En ninguna manera!, sino que afianzamos la ley." Romanos 3:31

Si guardamos la ley, ¿podrá esto salvarnos?

"Ya que por las obras de la ley ningún ser humano será justificado delante de él . . . "

Romanos 3:20

Entonces, ¿qué propósito sirve la ley de Dios?

"Ya que por las obras de la ley ningún ser humano será justificado delante de él; *porque por medio de la ley es el conocimiento del pecado."*

Romanos 3:20

Si la ley de Dios sólo nos enseña el pecado, ¿cómo es que podremos ser lavados y salvados de nuestros pecados?

"Si andamos en la luz, como él está en la luz, tenemos comunión unos con otros, *y la sangre de Jesucristo su Hijo nos limpia de todo pecado."* 1 Juan 1:7

Nota: La ley de Dios solamente nos enseña el pecado en nuestra vida. No puede perdonarnos por ese pecado. El perdón viene unicamente a través del sacrificio de Jesús. Santiago 1:23-25 nos dice que mientras que el espejo nos enseña nuestro rostro, no puede quitarnos sus defectos. Nosotros tenemos que lavarnos el rostro con agua y jabón para mantenernos limpios. En cuanto al pecado, la ley de

Dios es el espejo que nos muestra el pecado, y la sangre de Jesús es la que lo remueve.

¿Puede la gracia darnos libertad para ignorar la Ley de Dios?

"*¿Qué, pues, diremos? ¿Permanezcamos en el pecado para que la gracia abunde? ¡En ninguna manera!* Los que hemos muerto al pecado, ¿cómo viviremos aún en él? . . . . Porque el pecado no se enseñoreará de vosotros; pues no estáis bajo la ley, sino bajo la gracia. *¿Qué, pues? ¿Pecaremos, porque no estamos bajo la ley, sino bajo la gracia? ¡En ninguna manera!*"   Romanos 6:1, 2, 14, 15

Nota: La definición del pecado es la infracción de la ley de Dios. Jesús vino a salvarnos de nuestros pecados, no en nuestros pecados. La gracia no es licencia para pecar; es el poder que Dios nos da para poder dejar de pecar.

¿Qué nos ha prometido nuestro Padre Celestial en cuanto a Su ley?

"Porque este es el pacto que haré con la casa de Israel después de aquellos días, dice el Señor: *Pondré mis leyes en la mente de ellos,* y las inscribiré sobre su corazón; y seré a ellos por Dios, y ellos me serán a mí por pueblos."   Hebreos 8:10

¿Según el Apocalipsis, Satanás tratará de hacer guerra contra que grupo de personas?

"Entonces el dragón se encolerizó . . . y se fue a hacer guerra contra . . . *los que guardan los mandamientos de Dios . . .*"

Apocalipsis 12:17

¿Qué descripción encontramos en el Apocalipsis para el pueblo de Dios en estos últimos días?

"Aquí esta la paciencia de los santos, *los que guardan los mandamientos de Dios* y la fe de Jesús."   Apocalipsis 14:12

¿Qué bendición especial se encuentra en el último capítulo de la Biblia?

"Bienaventurados los que guardan sus mandamientos, para que su potencia sea en el árbol de la vida, que entren por las puertas en la ciudad."   Apocalipsis 22:14
(Reina Valera, Revisión de 1979)

Promesa Para Meditar:

"No todo el que me dice: Señor, Señor, *entrará en el reino de los cielos, sino el que hace la voluntad de mi Padre* que está en los cielos."
Mateo 7:21

Un Día Para Recordar

Dios terminó la creación de los cielos y la tierra en seis días. ¿Qué hizo en el séptimo día para hacerlo Su día especial?

a. "Y *acabó Dios en el día séptimo la obra que hizo . . .*"

b. "Y *reposó el día séptimo* de toda la obra que hizo."

c. "Y *bendijo Dios al día séptimo, y lo santificó . . .* " Génesis 2:2, 3

¿Qué día es el séptimo día?

La respuesta del Diccionario:

"Séptimo día, Sábado, el séptimo día de la semana." (Webster's New Twentieth Century Dictionary, Unabridged Second Edition, 1973).

Desde el principio hasta el final de la Biblia se encuentra una expresión única, un nombre dado al séptimo día, ¿cuál es?

"Porque en seis días hizo Jehová los cielos y la tierra, el mar, y todas las cosas que en ellos hay, y reposó en el séptimo día; por tanto, Jehová bendijo *el día del sábado* y lo santificó." Éxodo 20:11

De acuerdo con las Sagradas Escrituras, ¿a quién le pertenece este día?

"Acuérdate del día del sábado para santificarlo. Seis días trabajarás, y harás toda tu obra; *mas el séptimo   es sábado para Jehová tu Dios;* no hagas en él obra alguna."   Éxodo 20:8-10

Nota: En una lección previa, la importancia de los Diez Mandamientos de la ley de Dios fue presentada. Dios escribió estos mandamientos con Su propio dedo. Una simple lectura de los Diez Mandamientos revelará cuantas palabras Dios usó para el mandamiento del día sábado (cuarto Mandamiento) en comparación con los otros nueve.

COMPARE

LA LEY DE DIOS	Mandamiento	Palabras
I "No tendrás dioses ajenos delante de mí."	1	7
II "No te harás imagen ni ninguna semejanza de lo que hay arriba en el cielo, ni abajo en la tierra, ni en las aguas debajo de la tierra. No te postrarás ante ellas, ni les darás culto; porque yo soy Jehová tu Dios, fuerte, celoso, que visito la maldad de los padres sobre los hijos hasta la tercera y cuarta generación de los que me aborrecen, y hago misericordia a millares, a los que me aman y guardan mis mandamientos."	2	80
III "No tomarás el nombre de Jehová tu Dios en vano; porque no dará por inocente Jehová a quien toma su nombre en vano."	3	23
IV "Acuérdate del día del sábado para santificarlo. Seis días trabajarás, y harás toda tu obra; mas el séptimo es sábado para Jehová tu Dios; no hagas en él obra alguna, tú, ni tu hijo, ni tu hija, ni tu siervo, ni tu criada, ni tu bestia, ni tu extranjero que está dentro de tus puertas. Porque en seis días hizo Jehová los cielos y la tierra, el mar, y todas las cosas que en ellos hay, y reposó en el séptimo día; por tanto, Jehová bendijo el día del sábado y lo santificó."	4	93
V "Honra a tu padre y a tu madre, para que tus días se alarguen en la tierra que Jehová tu Dios te da."	5	23
VI "No matarás."	6	2
VII "No cometerás adulterio."	7	3
VIII "No hurtarás."	8	2
IX "No hablarás contra tu prójimo falso testimonio.	9	7
X "No codiciarás la casa de tu prójimo, no codiciarás la mujer de tu prójimo, ni su siervo, ni su criada, ni su buey, ni su asno, ni cosa alguna de tu prójimo." - *Éxodo 20:3-17*	10	32

¿Cuáles son las tres ordenes específicas que se encuentran en el cuarto mandamiento?

1. *"Acuérdate del día del sábado para santificarlo."*   Éxodo 20:8

2. *"Seis días trabajarás . . . "*   Éxodo 20:9

3. *"No hagas en él* (el sábado) *obra alguna ."*
                                                            Éxodo 20:10

Medite En Lo Siguiente:

Las Palabras de Jesús:
a. *"Yo he guardado los mandamientos de mi Padre,* y permanezco en su amor."   Juan 15:10

El Ejemplo de Jesús:
a. "Vino a Nazaret, donde se había criado, y *en día de sábado entró en la sinagoga, según su costumbre,* y se levantó a leer."   Lucas 4:16

b. *"Jesucristo es el mismo, ayer, y hoy, y por los siglos."*   Hebreos 13:8

De acuerdo con el Nuevo Testamento, ¿quién creó todas las cosas?

a. "Dios, habiendo hablado muchas veces y de muchas maneras en otro tiempo a los padres por los profetas, en estos últimos días *nos ha hablado en el Hijo,* a quien designó heredero de todo, *por medio del cual hizo también el universo."*   Hebreos 1:1, 2

b. "En el principio era el Verbo, y el Verbo estaba con Dios, y el Verbo era Dios . . . . *Todas las cosas por medio de él fueron hechas . . . .* Estaba

en el mundo, y el mundo fue hecho por medio de él;
pero el mundo no le conoció. Vino a lo que era suyo,
y los suyos no le recibieron . . . . *Y el Verbo se
hizo carne, y habitó entre nosotros."*

Juan 1:1, 3, 10, 11, 14

*Nota: Jesús creó nuestro mundo. El Creador mismo
vino a morir por nosotros. Uno que es igual con Dios,
pues Él es Dios. Al acordarnos de santificar el sábado,
reconocemos nuestra fe en Jesús, no sólo como Salvador
pero también como Creador.*

¿Qué día de la semana guardaba el apóstol Pablo?

"*Y Pablo, como acostumbraba, fue a ellos,
y por tres sábados discutió con ellos,
basándose en las Escrituras."*   Hechos 17:2

¿Le enseñaba Pablo tanto a los Judíos como a los Gentiles en el Sábado?

"*Y discutía en la sinagoga todos los
sábados, y persuadía a judíos y a griegos . . . .*
Y se estableció allí por un año y seis meses, enseñándoles
la palabra de Dios."   Hechos 18:4, 11

De acuerdo con el libro de Hechos, ¿cuándo fue que los Gentiles pidieron que la verdad de Cristo les fuera presentada a ellos?

"Cuando salieron ellos de la sinagoga de los judíos,
*los gentiles les rogaron que el siguiente
sábado les hablasen de estas cosas . . . . Al
sábado siguiente, se reunió casi toda la ciudad
para oír la Palabra de Dios."*   Hechos 13:42-44

Después de tantos siglos, ¿cómo pueden los Cristianos, hoy en día, estar seguros de cuál es el séptimo día de la semana?

La Biblia responde:

a. "Este fue a Pilato, y pidió el cuerpo de Jesús. Y descolgándolo, lo envolvió en una sábana, y lo puso en un sepulcro excavado en roca, en el cual aún no se había puesto a nadie. *Era el día de la Preparación, y estaba para comenzar el sábado."* Lucas 23: 52-54

Nota: Cristo murió el "Viernes Santo." El viernes, el sexto día de la semana, era llamado por los Judíos el día de la Preparación. Ellos debían de prepararse para el sábado, el cual comenzaba el viernes, a la puesta del sol. Los días de la creación de Dios comenzaron con la tarde o parte obscura primero; y le seguía la porción de la luz del día. (Génesis 1:5-31). Así pues, recibimos de Dios la instrucción de observar el Sábado de "tarde a tarde". Levítico 23:32; Marcos 1:21, 32.

b. "Y las mujeres que habían venido con él desde Galilea, siguieron también, y vieron el sepulcro, y cómo fue puesto su cuerpo. *Y regresando, prepararon especias aromáticas y ungüentos; y descansaron el sábado, conforme al mandamiento."* Lucas 23:55, 56

Nota: Los discípulos más cercanos a Jesús observaron el Sábado durante Su muerte y aún después. El mismo Jesús descansó en la tumba durante las horas del Sábado, ¡observando los mandamientos de Dios aún en Su muerte!

c. "Y regresando . . . *descansaron el sábado, conforme al mandamiento. El primer día de la semana,* muy de mañana, vinieron al

sepulcro . . . . y entrando no hallaron el cuerpo del
Señor Jesús."   Lucas 23:56; 24:1, 3

*Nota: Este pasaje de las Escrituras es muy útil para
establecer el dato que el séptimo día de la semana, el día
que llamamos "Sábado" – es el séptimo día de la semana
mencionado en la Biblia. Marcos 16:1, 2.*

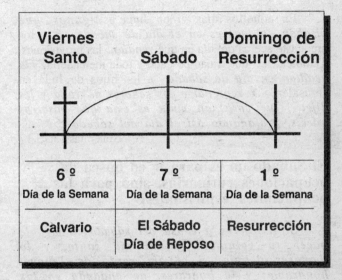

Viernes Santo	**Sábado**	**Domingo de Resurrección**
6 º Día de la Semana	**7 º** Día de la Semana	**1 º** Día de la Semana
Calvario	**El Sábado** **Día de Reposo**	**Resurrección**

Datos sobre el Sábado:

El Sábado fue dado como una bendición a la humanidad:

"Y les decía: *El sábado fue instituido para el
hombre, y no el hombre para el sábado.*"
                                        Marcos 2:27

El Sábado es el día del Señor:

"Por tanto, *el Hijo del Hombre es también señor del sábado.*"   Marcos 2:28

El día del Sábado no es para trabajar o efectuar negocios:

"En aquellos días vi en Judá a *algunos que pisaban en lagares en el día de sábado* ... y los amonesté acerca del día en que *vendían* las provisiones. También ... que traían pescado y toda mercadería, *y la vendían en día de sábado* a los hijos de Judá en Jerusalén. *Y reprendí a los señores de Judá y les dije: ¿Qué cosa tan mala es ésta que vosotros hacéis, profanando así el día del sábado?*"

       Nehemías 13:15-17

El Sábado no es para ir en busca de ocupaciones rutinarias, sino para las ocupaciones espirituales:

"*Si retrajeres a causa del sábado tu pie, de hacer tu voluntad en mi día santo, y lo llamares delicia; y al día santo de Jehová, honorable; y lo honrares, no andando en tus propios caminos, ni buscando tu negocio, ni hablando de él, entonces te deleitarás en Jehová;* y yo te haré subir sobre las alturas de la tierra, y te alimentaré con la heredad de Jacob tu padre; porque la boca de Jehová lo ha hablado."   Isaías 58:13, 14

Cuando Jesucristo cree la tierra nueva, ¿qué haremos en el día del Sábado?

"*Porque como los cielos nuevos y la nueva tierra que yo hago permanecerán delante de mí, dice Jehová .... sucederá que ... de sábado en sábado, vendrán todos a adorar delante de mí, dijo Jehová."* Isaías 66:22, 23

¿Qué dijo Jesús que era lícito hacer en el día Sábado?

"Entró en la sinagoga de ellos. Y había allí uno que tenía seca una mano; y preguntaron a Jesús, para poder acusarle: ¿Es lícito sanar en sábado? Él les dijo: ¿Qué hombre habrá de vosotros, que tenga una sola oveja, y si ésta cae en un hoyo en sábado, no le eche mano, y la saque? Pues, ¿cuánto más vale un hombre que una oveja? *Por consiguiente, es lícito hacer el bien en sábado."* Mateo 12:9-12

Promesas Para Meditar:

"Pero el que guarda su palabra, en éste verdaderamente el amor de Dios se ha perfeccionado; en esto conocemos que estamos en él. *El que dice que permanece en él, debe andar como él anduvo."* 1 Juan 2:5, 6

"Pues éste es el amor de Dios, que guardemos sus mandamientos; y sus mandamientos no son gravosos." 1 Juan 5:3

¿Cómo Pasó A Ser El Domingo El Día Popular?

¿Qué promesa hizo Dios?

"No olvidaré mi pacto, ni mudaré lo que ha salido de mis labios." Salmos 89:34

¿Cuál es el pacto inquebrantable de Dios?

"Y él os anunció su pacto, el cual os mandó poner por obra; los diez mandamientos, y los escribió en dos tablas de piedra." Deuteronomio 4:13

Nota: Dios prometió que Él nunca alteraría ni cambiaría Su Ley de Pacto. Si algún cambio ha sido intentado, sin duda no fue hecho por Jesucristo, pues Él mismo dijo: "No penséis que he venido para abrogar la ley o los profetas; no he venido para abrogar, sino para cumplir. Porque de cierto os digo que hasta que pasen el cielo y la tierra, ni una jota ni una tilde pasarán de ningún modo de la ley, hasta que todo se haya realizado. Por tanto, cualquiera que suprima uno de estos mandamientos aun de los más insignificantes, y enseñe así a los hombres, será llamado el menor en el reino de los cielos; mas cualquiera que los cumpla y los enseñe, éste será llamado grande en el reino de los cielos." Mateo 5:17-19.

Ocho Textos del Nuevo Testamento

Nota: En la Biblia, siempre se le refiere al Domingo como el primer día de la semana, y solamente hay ocho referencias bíblicas en el Nuevo Testamento que mencionan el primer día de la semana. Si hay una orden para santificar el Domingo, debe de encontrarse en uno de estos pasajes bíblicos.

Aquí están los primeros cinco textos referentes al *primer día*, encontrados en el Nuevo Testamento. ¿Sugieren algunos de estos versículos que el Domingo, el primer día de la semana, se debe considerar sagrado?

1. "Pasado el sábado, al amanecer *del primer día de la semana,* vinieron María la Magdalena y la otra María, a ver el sepulcro."   Mateo 28:1

2. "Pasado el sábado, María la Magdalena, María la madre de Jacobo, y Salomé compraron especias aromáticas para ir a embalsamarle. Y muy de madrugada, *el primer día de la semana,* llegan al sepulcro cuando había salido el sol."
Marcos 16:1, 2

3. "En la madrugada *del primer día de la semana,* resucitó y se apareció primero a María Magdalena, de la que había arrojado siete demonios."   Marcos 16:9

4. "*El primer día de la semana*, muy de mañana, vinieron al sepulcro, trayendo las especias aromáticas que habían preparado; y algunas otras mujeres con ellas."   Lucas 24:1

5. "*El primer día de la semana,* María Magdalena fue de madrugada, siendo aún oscuro, al sepulcro; y vio quitada la piedra del sepulcro."   Juan 20:1

El sexto texto sobre *el primer día* se refiere a una reunión de los discípulos al anochecer del día de la resurrección. De acuerdo a éste pasaje, ¿por qué estaban reunidos?

6.   "Al atardecer de aquel mismo día, *el primero de la semana*, estando las puertas cerradas en el lugar donde *los discípulos estaban reunidos por miedo a los judíos*, vino Jesús, se puso en medio y les dijo: Paz a vosotros."
Juan 20:19

Nota: Algunos declaran que los discípulos se habían reunido para santificar el primer día de la semana en honor a la resurrección. ¡Pero Marcos explica que los discípulos ni siquiera creían que Jesús había resucitado de la muerte hasta que Él se les apareció esa noche! "Por último, fue manifestado a los once . . . . y les echó en cara su incredulidad y dureza de corazón, por no haber creído a los que le habían visto después de haber resucitado." Marcos 16:14.

El séptimo texto refiriéndose *al primer día* tiene que ver con contribuciones solicitadas por Pablo para los pobres:

7.   "En cuanto a la colecta para los santos . . . . Cada *primer día de la semana, cada uno de vosotros ponga aparte algo*, según haya prosperado, guardándolo, *para que cuando yo llegue no se hagan entonces colectas.*"
1 Corintios 16:1, 2

Nota: Pablo no estaba sugiriendo cambiar el Sábado para poder recibir la colecta en un servicio el Domingo, primer día de la semana. ¡Más bien, el deseo de Pablo era que las colectas fueran hechas durante la semana para que él pudiese dedicar más tiempo a predicar y enseñar en el Sábado!

El octavo y último texto refiriéndose al *primer día*, tiene que ver con una reunión de despedida a la que Pablo asistió en el primer día de la semana:

8. *"El primer día de la semana, estando reunidos los discípulos para partir el pan, Pablo conversaba con ellos, habiendo de salir al día siguiente; y alargó el discurso hasta la medianoche.* Y había muchas lámparas en el aposento alto donde estaban reunidos."

Hechos 20:7, 8

Nota: El hecho que los discípulos hayan partido el pan en esta reunión no indica que el día era sagrado, pues los discípulos desde los primeros tiempos partían el pan todos los días de la semana: "Y acudiendo asiduamente unánimes cada día . . . partiendo el pan por las casas, comían juntos con alegría y sencillez de corazón." Hechos 2:46. Note también que la reunión tomó lugar de noche, ya que el versículo 8 dice: "Y había muchas lámparas en el aposento alto." En la lección anterior, aprendimos como un día, de acuerdo a las Escrituras, se mide de tarde a tarde. (Vea la nota en la página 156). La parte obscura del día, el anochecer, viene primero en la Biblia, y después viene la parte de la luz del día (Génesis 1:5, 8, 13). Pablo citó esta reunión para el anochecer del Sábado (parte obscura del Domingo), y "alargó el discurso hasta la medianoche." (Hechos 20:7). El libro de Hechos atestigua ochenta y cuatro reuniones en el Sábado, pero sola una reunión la noche del Sábado (parte obscura del Domingo). ¿Debe ser esto interpretado como una orden para cambiar el día de adoración?

La mayoría de los Cristianos observan el Domingo en vez de el Sábado; ¿cuándo tuvo lugar éste cambio?

Nota: "A principios del siglo IV el emperador Constantino expidió un decreto que hacía del domingo un día de fiesta pública en todo el Imperio Romano. El día del sol fue reverenciado por sus súbditos paganos y honrado por los Cristianos; pues era política del emperador conciliar los intereses del paganismo y del Cristianismo que se hallaban en pugna. Los obispos de la iglesia, inspirados por su ambición y su sed de dominio, le hicieron obrar así, pues comprendieron que si el mismo día era observado por Cristianos y paganos, éstos llegarían a aceptar nominalmente el Cristianismo y ello redundaría en beneficio del poder y de la gloria de la iglesia." E. G. White, *El Conflicto de los Siglos,* página 57.

Más tarde, en el año 364 después de Cristo, en el Concilio de Laodicea, la Iglesia Católica aprobó el cambio del día de adoración y ordenó a todo el mundo santificar el Domingo en vez del Sábado.

Pregunta: ¿Qué desafío le dan los Católicos a los Protestantes concerniente al Domingo?

Respuesta: "La Iglesia cambió la observancia del Sábado al Domingo por rito de la autoridad divina e infalible dada a ella por su fundador, Jesucristo. El Protestante, proponiendo la Biblia como su única guía de fe, no tiene razón para observar el Domingo." *"The Catholic Universe Bulletin,* 14 de Agosto, 1942.

Pregunta: ¿Tiene usted algún otro modo de probar que la Iglesia Católica tiene el poder para instituir días festivos de precepto?

Respuesta: "Si no tuviese ese poder, no hubiese podido hacer aquello en lo cual todos los religiosos modernos están de acuerdo con ella — no hubiese podido sustituir la observancia del Sábado (séptimo día), por la observancia del Domingo (primer día); un cambio para el cual no hay autoridad bíblica." Rev. Stephan Keenan, *A Doctrinal Catechism,* página 174.

"Usted puede leer la Biblia desde Génesis hasta el Apocalipsis, y no encontrará ni una sola linea autorizando la santificación del Domingo. Las Sagradas Escrituras esfuerzan la observación religiosa de el Sábado, el día que nosotros (los Católicos) nunca santificamos."

– El Cardenal Gibbons, "The Faith of Our Fathers", pág. 111.

Medita en lo siguiente:

"En vano me rinden culto, enseñando doctrinas que son preceptos de hombres. Dejando el mandamiento de Dios, os aferráis a la tradición de los hombres: como los lavamientos de jarros y vasos de beber; y hacéis otras muchas cosas semejantes. *Les decía también: ¡Qué bien dejáis a un lado el mandamiento de Dios, para conservar vuestra tradición!"*   Marcos 7:7-9

"EL CATOLICISMO HABLA"

"El Domingo es una institución Católica y sus demandas a observarlo pueden ser defendidas únicamente en principios Católicos . . . Desde el principio hasta el fin de las Escrituras no hay un solo pasaje que autoriza el cambio del día de la adoración pública semanal del último día de la semana al primero." — *Catholic Press, Sydney, Australia, Agosto de 1900*

"El Protestantismo, al descartar la autoridad de la Iglesia (Católica y Romana), no tiene buenas razones para su teoría referente al Domingo, y debe lógicamente de guardar el Sábado como día de descanso."
  — *John Gilmary Shea, en el "American Catholic Quarterly Review," Enero de 1883*

"Hacemos bien en recordarle a los Presbiterianos, Bautistas, Metodistas, y a todos los demás Cristianos, que la Biblia no los apoya en ningún lugar en su observancia del Domingo. El Domingo es una institución de la Iglesia Católica Romana, y aquellos que observan ese día observan un mandamiento de la Iglesia Católica."
  — *Priest Brady, en un discurso, reportado en el "News", de Elizabeth, N. J., el 18 de Marzo, 1903*

"Pregunta – ¿Tiene Usted alguna otra manera de probar que la Iglesia (Católica) tiene el poder para instituir días festivos de precepto?"
"Respuesta – Si ella no tuviese semejante poder, no hubiera podido hacer todo en lo cual los religiosos modernos están de acuerdo con ella: la Iglesia no hubiese podido substituir la observancia del Domingo, el primer día de la semana, por la observancia del Sábado, el séptimo día, un cambio para el cual no existe autoridad en las Escrituras."
  — *Stephan Keenan, en "A Doctrinal Catechism," pág. 176*

"La razón y el sentido común demandan la aceptación de una u otra de estas alternativas: el Protestantismo y la observancia y santificación del Sábado, o el Catolicismo y la observancia y santificación del Domingo. Un compromiso o acuerdo es imposible."
  — *"The Catholic Mirror", 23 de Diciembre, 1893*

"Dios dio sencillamente a Su Iglesia (Católica) el poder para disponer cualquier día o días que ella encontrara apropiados como días sagrados. La Iglesia escogió el Domingo, el primer día de la semana, y en el curso de los años añadió otros días como días sagrados."
  — *Vincent J. Kelly, "Forbidden Sunday and Feast-Day Occupations," pág. 2*

"Nosotros observamos el Domingo en vez del Sábado por que la Iglesia Católica transfirió la solemnidad del Sábado para el Domingo."
  — *Peter Geiermann, CSSR, "A Doctrinal Catechism", edición 1957, pág. 50*

"Nosotros tenemos en ésta tierra el lugar de Dios Todopoderoso."
  — *Papa Leo XIII, en una Carta Encíclica, fechada 20 de Junio, 1894.*

"No el Creador del universo, en Génesis 2:1-3, – sino la Iglesia Católica "puede reclamar al honor de haberle otorgado al hombre una pausa en su trabajo cada siete días."
  — *S. D. Mosna, "Storia della Domenica", 1969, págs. 366, 367*

"EL CATOLICISMO HABLA"

"El Papa no es solamente el representante de Jesucristo, sino que él es el propio Jesucristo, escondido bajo un velo de carne."

- *"The Catholic National"*, Julio de 1895

"Si los Protestantes siguieran la Biblia, ellos renderían culto a Dios en el día del Sábado. Al guardar el Domingo ellos están siguiendo una ley de la Iglesia Católica."

- *Albert Smith, Canciller de la Archdiócesis de Baltimore, respondiendo por el Cardenal, en una carta fechada el 10 de Febrero, 1920*

"Nosotros definimos que la Santa Sede Apostólica (el Vaticano), y el Pontífice Romano tienen la primacía sobre todo el mundo."

- *Un decreto del Concilio de Trent, citado por Philippe Labbe y Gabriel Cossart, en "The Most Holy Councils", tomo 13, col. 1167*

"Fue la iglesia Católica la cual, por la autoridad de Jesucristo, ha transferido éste reposo (del Sábado Bíblico) a el Domingo . . . Así pues, la observancia del Domingo por los Protestantes es un homenaje que ellos rinden, a pesar de ellos mismos, a la autoridad de la Iglesia (Católica)."

- *Monseñor Louis Segur, "Plain Talk about the Protestantism of Today", pág. 213*

"Los Protestantes . . . aceptan el Domingo en vez del Sábado como el día para su adoración pública después que la Iglesia Católica hizo el cambio . . . Pero la mente Protestante no parece reconocer que . . . al observar el Domingo, ellos están aceptando la autoridad del interlocutor de la iglesia, el Papa."

- *"Our Sunday Visitor," 5 de Febrero, 1950*

"Nosotros, los Católicos, entonces, tenemos precisamente la misma autoridad para santificar el Domingo en vez del Sábado, como tenemos para cada otro artículo de nuestro credo, es decir, la autoridad de la Iglesia . . . mientras que ustedes los Protestantes realmente no tienen ninguna autoridad; pues no hay autoridad para ello en la Biblia (el santificar el Domingo), y ustedes no permiten que pueda haber autoridad para ello en otro lugar. Tanto Ustedes como nosotros, seguimos las tradiciones en este asunto; pero nosotros las seguimos creyendo que son parte de la Palabra de Dios y que la Iglesia (Católica) ha sido divinamente nombrada guardián e intérprete; ustedes siguen a la Iglesia (Católica), a la misma vez denunciándola como una guía falible y falsa, que á menudo 'ha invalidado el mandamiento de Dios por la tradición,' citando Mateo 15:6."

- *Los Hermanos de San Pablo, "The Clifton Tracts", tomo 4, pág. 15*

"La iglesia cambió la observancia del Sábado para el Domingo por el derecho divino y la autoridad infalible concedida a ella por su fundador, Jesucristo. El Protestante, proponiendo la Biblia como su único guía de fe, no tiene razón para observar el Domingo. En esta cuestión, los Adventistas del Séptimo Día son los únicos Protestantes consistentes."

- *"The Catholic Universe Bulletin", 14 de Agosto, 1942, pág. 4*

La Biblia es nuestra única salvaguardia

"EL PROTESTANTISMO HABLA"

Bautista: "Había y hay un mandamiento acerca de guardar el Sábado, pero ese día Sábado no era el Domingo. Sin embargo se puede decir, y con muestra de triunfo, que el Sábado fue transferido del séptimo día al primer día, con todos sus deberes, privilegios y sanciones. Con un ardiente deseo sobre este tópico, que he estudiado durante muchos años, yo pregunto, ¿donde puede encontrarse el archivo de esta transacción? No en el Nuevo Testamento - ahí no hay nada. No hay evidencia bíblica del cambio de la institución del séptimo día al primer día."

- Dr. E. T. Hiscox, autor del "Baptist Manual"

Congregacionalistas: "Está muy claro que por muy rígido o consagrado que pasemos el Domingo, no estamos guardando el Sábado ... El Sábado fue fundado sobre un mandamiento específico y divino. No podemos encontrar un mandamiento específico del Domingo ... No hay una sola línea en el Nuevo Testamento que sugiere que incurrimos alguna pena por violar la supuesta santidad del Domingo."

- Dr. R. W. Dale, "The Ten Commandments," págs. 106,107

Iglesia Libre Luterana: "Cómo no se pudo producir un solo lugar en las Sagradas Escrituras que testifican que el Señor mismo o los apóstoles ordenaron una transferencia del Sábado al Domingo, entonces no era fácil contestar la pregunta: ¿quién ha transferido el Sábado y quién tiene la autoridad para hacerlo?"

- George Sverdrup, "A New Day"

Episcopal Protestante: "El día ahora ha cambiado del séptimo al primer día ... pero como no encontramos con alguna dirección Bíblica tal cambio, concluimos que fue hecho por la autoridad de la Iglesia."

- "Explanation of Catechism"

Bautista: "Las Escrituras no le llaman en ningún lugar a el primer día de la semana el Sábado ... No hay autoridad Bíblica para hacerlo, ni por supuesto, alguna obligación Bíblica."

- "The Watchman"

Presbiteriana: "No hay ni una palabra, ni insinuación en el Nuevo Testamento sobre la abstinencia del trabajo el Domingo. La observancia del Miércoles de Ceniza tiene su fundación sobre la misma base que la observancia del Domingo. Dentro del descanso Dominical no entra la Ley Divina."   *- Canon Eyton, en "The Ten Commandments"*

Anglicana: "¿Y en donde se nos dice en las Escrituras que hemos de guardar el primer día? Se nos exige que guardemos el séptimo; pero en ningún lugar se nos exige la observancia del primer día."

- Isaac Williams, "Plain Sermons on the Catechism," págs. 334, 336

Discípulos de Cristo: "No hay autoridad Bíblica designando el primer día como el 'Día del Señor.'"

- Dr.. D. H. Lucas, "Christian Oracle," 23 de Enero, 1890

"EL PROTESTANTISMO HABLA"

Metodista: "Es verdad que no hay un mandato positivo para el bautismo infantil; Ni tampoco hay alguno para guardar santo el primer día de la semana. Muchos creen que Cristo cambió el Sábado. Pero, de Sus propias palabras, vemos que no vino con ese propósito. Aquellos que creen que Jesús cambió el Sábado lo basan solamente en una suposición."

- Amos Bimney, "Theological Compendium," págs. 180, 181

Episcopal: "Hemos hecho el cambio del día séptimo al primer día, del Sábado al Domingo, sobre la autoridad de la única sagrada, católica, y apostólica iglesia de Cristo."

- Obispo Seymour, "Why We Keep Sunday."

Bautista del Sur: "El nombre sagrado del día Séptimo es 'Sábado.' Este hecho es demasiado obvio para refutar (Éxodo 20:10) . . . En este punto la enseñanza de la Palabra ha sido admitida en todas las generaciones . . . Ni una vez los discípulos aplicaron la ley Sabática al primer día de la semana — esta locura se realizó en un tiempo futuro — ni pretendieron que el primer día suplantara el séptimo."

- Joseph Judson Taylor, "The Sabbath Question," págs. 14, 15-17, 41

Congregacionalista Americana: "La noción actual, que Cristo y Sus apóstoles autoritariamente sustituyeron el primer día por el séptimo, es absolutamente sin autoridad en el Nuevo Testamento."

- Dr. Layman Abbot, en "Christian Union," 26 de Junio, 1890

Iglesia Cristiana: "No hay testimonio en todos los oráculos del cielo que el Sábado ha sido cambiado, o que el 'Día del Señor' vino en su lugar."

- Alexander Campbell, en "The Reporter," 8 de Octubre, 1921

Bautista: "Se me hace inexplicable que Jesús, durante tres años de discusiones con Sus discípulos, en muchas oportunidades conversando con ellos sobre el Sábado, cubriendo sus varios aspectos, librándolo de todo su brillo falso (tradiciones Judías), nunca aludió a la transferencia de ese día; ni tampoco, durante los cuarenta días después de Su resurrección, lo insinuó. Ni, hasta donde sabemos, el Espíritu, que les fue dado para recordar todas las cosas que Él les había dicho, trató esta pregunta. Ni los apóstoles inspirados, en su trabajo de la predicación del evangelio y la fundación de iglesias, aconsejando e instruyendo, discutieron este tema.

"Claro, yo sé muy bien que el Domingo vino a entrar en la historia de los primeros Cristianos como un día religioso, como aprendimos de nuestros padres Cristianos y otras fuentes. Pero que lástima que haya venido con una marca del Paganismo y bautizado con el nombre de 'el dios sol', entonces adoptado y santificado por la apostasía Papal y legado como una legacía sagrada al Protestantismo."

- Dr. E. T. Hiscox, reportaje sobre su sermón en la convención Ministerial Bautista en el "New York Examiner," 16 de Noviembre, 1893

La santidad dominical no se exige ni se practica en la Biblia

¿Es Necesario El Bautismo?

Nota: La palabra bautismo viene del griego "baptizo" que quiere decir "sumergir." En la Biblia, significa "sepultado debajo del agua."

De acuerdo a Jesús, ¿qué importancia tiene el bautismo?

"Respondió Jesús: De cierto, de cierto te digo, que *el que no nace de agua y del Espíritu, no puede entrar en el reino de Dios.*"
                                                    Juan 3:5

"*El que crea y sea bautizado, será salvo.*"
                                                    Marcos 16:16

¿Quién fue el primero en suministrar el bautismo en el Nuevo Testamento?

"*En aquellos días se presentó Juan el Bautista predicando en el desierto de Judea,* y diciendo: Arrepentíos, porque el reino de los cielos se ha acercado . . . . Y acudían a él de Jerusalén, de toda la Judea, y de toda la región de alrededor del Jordán, *y eran bautizados por él en el Jordán, confesando sus pecados.*"
                                                    Mateo 3:1-6

¿Por qué estaba Juan bautizando en el desierto?

"*Juan también bautizaba en Enón, cerca de Salim, porque había allí muchas aguas;* y acudían y eran bautizados."
                                                    Juan 3:23

Nota: Juan necesitaba "muchas aguas" para bautizar. El modo de bautizar rociando o derramando agua entró imperceptiblemente en la iglesia durante el siglo doce, después de Cristo. La historia preserva este recuerdo: "Por varios siglos después del establecimiento de la Cristiandad, el bautismo era usualmente conferido por la inmersión; pero desde el siglo doce, la práctica de bautizar por infusión (rociar) ha predominado en la Iglesia Católica, pues este método es mas conveniente que el bautismo por inmersión. La Iglesia emplea su discreción en adaptar el modo mas conveniente de acuerdo a las circunstancias del lugar y del tiempo." James Cardenal Gibbons, Faith of Our Fathers, edición 94, pág. 277 (énfasis suplido).

¿Cómo sabemos que Jesús fue bautizado por inmersión?

"E inmediatamente, *cuando subía del agua,* vio que se rasgaban los cielos, y al Espíritu como paloma que descendía sobre él."
Marcos 1:10

¿Por qué fue necesario que Jesús fuese bautizado?

"*Entonces Jesús vino de Galilea al Jordán, presentándose a Juan para ser bautizado por él.* Mas Juan trataba de impedírselo, diciendo: Yo necesito ser bautizado por ti, ¿y tú vienes a mí? *Pero Jesús le respondió: Permítelo ahora, porque así conviene que cumplamos toda justicia.*"
Mateo 3:13-15

164Nota: "Jesús no recibió el bautismo como confesión de culpabilidad propia. Se identificó con los pecadores, dando los pasos que debemos dar, y haciendo la obra que debemos hacer. Su vida de sufrimiento y paciente tolerancia después de Su bautismo, fue también un ejemplo para nosotros." E. G. White, El Deseado De Todas Las Gentes, página 85.

Las Condiciones Bíblicas Para El Bautismo:

1. "Pedro les dijo: *Arrepentíos, y bautícese* cada uno de vosotros en el nombre de Jesucristo para perdón de los pecados; y recibiréis el don del Espíritu Santo."   Hechos 2:38

2. "Tomando la palabra el eunuco, dijo a Felipe . . . . *¿qué impide que yo sea bautizado?* Felipe dijo: *Si crees de todo corazón, bien puedes.* Y respondiendo, dijo: Creo que Jesucristo es el Hijo de Dios."   Hechos 8:34-37

3. "*Por tanto, id, y haced discípulos* en todas las naciones, *bautizándolos* en el nombre del Padre, y del Hijo, y del Espíritu Santo; *enseñándoles a guardar todas las cosas que os he mandado.*"   Mateo 28:19, 20

Pedro predicó de Jesús como el "Cristo" en el día de Pentecostés. ¿Cómo respondió la gente?

"Así que *los que acogieron bien su palabra fueron bautizados;* y se añadieron aquel día como tres mil personas."   Hechos 2:41

¿Qué instrucción fue dada a Pablo después que entendió el Plan de Salvación?

"Ahora, pues, ¿a qué esperas? *Levántate y bautízate, y lava tus pecados,* invocando su nombre."   Hechos 22:16

¿Qué lecciones espirituales experimentamos en el bautismo?

"¿O ignoráis que todos los que hemos sido bautizados en Cristo Jesús, *hemos sido bautizados en su muerte?* Fuimos, pues, sepultados juntamente con él para muerte por medio del bautismo, a fin de que como Cristo resucitó de los muertos por la gloria del Padre, así también nosotros andemos en novedad de vida. Porque si fuimos plantados juntamente con él en la semejanza de su muerte, *así también lo seremos en la de su resurrección;* conocedores de esto, que nuestro viejo hombre fue crucificado juntamente con él, para que el cuerpo del pecado sea reducido a la impotencia, a fin de que no sirvamos más al pecado."　　　Romanos 6:3-6

Nota: Por el bautismo nosotros declaramos nuestra fe en la muerte, el entierro y la resurrección de nuestro Salvador. Siendo enterrados con Él por el bautismo, enterramos nuestra vieja vida pecaminosa. Finalmente, nosotros somos levantados a una nueva vida espiritual "en la semejanza de su resurrección."

Promesas Para Meditar:

"Porque todos los que *habéis sido bautizados* en Cristo, os habéis revestido de Cristo."　　　Gálatas 3:27

"Y a aquel que es poderoso para guardaros sin caída, y presentaros sin mancha delante de su gloria con gran alegría, al único y sabio Dios, nuestro Salvador, sea gloria y majestad, dominio y autoridad, ahora y por todos los siglos. Amén."　　　Judas 24, 25

¿Qué Ocurre Después De La Muerte?

¿Por qué buena razón censuró Jesús a los Saduceos y maestros de Su época?

"Entonces, respondiendo Jesús, les dijo: *Estáis en un error, por no saber las Escrituras* ni el poder de Dios."
Mateo 22:29

¿Entonces, si nosotros queremos saber la verdad sobre el tema de la muerte, a qué fuente de seguridad debemos dirigirnos?

"Y cuando os digan: Preguntad a los encantadores y a los adivinos, que susurran y bisbisean, responded: *¿No consultará el pueblo a su Dios?* ¿Consultará a los muertos por los vivos? *¡A la ley y al testimonio! Si no dijeren conforme a esto, es porque no les ha amanecido.*"
Isaías 8:19, 20

Según la Biblia, ¿qué le ocurre a el hombre cuando muere?

"Y el polvo vuelva a la tierra de donde procede, y el espíritu vuelva a Dios que lo dio."
Eclesiastés 12:7

Esta simple declaración de las Sagradas Escrituras está completamente de acuerdo con el relato del Génesis. En la creación del hombre, ¿cuáles fueron los dos elementos que Dios unió para que el hombre fuese un ser viviente?

"Entonces *Jehová Dios modeló al hombre de arcilla del suelo, y sopló en su nariz aliento de vida, y fue el hombre un ser viviente.*"

Génesis 2:7

Nota: Aquí se encuentran los mismos dos elementos mencionados en Eclesiastés 12:7. La "arcilla del suelo" es el cuerpo, y el "aliento de vida" es el "espíritu" que viene de Dios. ¡Dios no puso un ser viviente dentro de Adán! Adán se convirtió en un ser viviente después que Dios sopló en su nariz aliento de vida. Una lámpara no se enciende sin electricidad. La luz se enciende solamente cuando la lámpara y la electricidad se unen. Cuando la electricidad se apaga, la luz deja de existir. De acuerdo a la Biblia, cuando el aliento parte del cuerpo, el alma deja de existir. Aquí está una sencilla ecuación:

$$POLVO + ESPÍRITU = SER\ VIVIENTE$$

$$POLVO - ESPÍRITU = SER\ MUERTO$$

¿Podemos estar seguros de que las expresiones bíblicas "aliento de vida" y "espíritu" quieren decir lo mismo?

"Mientras siga en mí todo mi espíritu y el aliento de Dios en mis narices."

Job 27:3 (Nueva Biblia de Jerusalén)

Nota: Aquí está la ecuación de nuevo:

POLVO + ALIENTO (Espíritu) = SER VIVIENTE

POLVO - ALIENTO (Espíritu) = SER MUERTO

LO QUE DICE LA BIBLIA SOBRE LA CONDICIÓN DEL HOMBRE DESPUÉS DE LA MUERTE

No tiene pensamientos:

"Pues expira, y vuelve a la tierra; *en ese mismo día perecen sus proyectos.*"   Salmo 146:4

No sabe nada:

"Porque los que viven saben que han de morir; pero *los muertos nada saben,* ni tienen más paga; porque su memoria es puesta en olvido."   Eclesiastés 9:5

No tiene emociones:

"También *su amor y su odio y su envidia fenecieron ya;* y nunca más tendrán parte en todo lo que se hace debajo del sol."   Eclesiastés 9:6

No hay actividad:

"Todo lo que esté al alcance de tu mano, esmérate en hacerlo según tus fuerzas; porque en el Seol, adonde vas, *no hay obra, ni trabajo, ni ciencia, ni sabiduría.*"   Eclesiastés 9:10

No alaba a Dios.

"*No alabarán los muertos a JAH,* ni cuantos descienden al silencio."   Salmos 115:17

"Porque *en la muerte no queda recuerdo de ti; en el Seol, ¿quién te alabará?"*   Salmo 6:5

¿Cómo explicó Jesús "la muerte" a Sus discípulos?

"Nuestro amigo Lázaro se ha quedado dormido; mas voy para despertarle. Dijeron entonces sus discípulos: Señor, si está dormido, sanará. Pero Jesús se había referido a la muerte de Lázaro; y a ellos les pareció que hablaba del reposar del sueño. *Entonces Jesús les dijo abiertamente: Lázaro ha muerto."*   Juan 11:11-14

¿Cuándo pensaba Marta que su hermano Lázaro volvería a vivir?

"Jesús le dijo: Tu hermano resucitará. Marta le dijo: *Ya sé que resucitará en la resurrección, en el último día.*   Juan 11:23, 24

Nota: Marta era una buena amiga y discípula de Jesús. Ella había oído atentamente a lo que Él había enseñado acerca de la muerte, y creía que los muertos serían resucitados en la Resurrección en el último día como Cristo había prometido."

¿Cuándo podemos esperar la resurrección de todos aquellos que han muerto creyendo en Jesús?

"Porque así como en Adán todos mueren, también en Cristo todos serán vivificados. Pero cada uno en su debido orden: Cristo, las primicias; *después, los que son de Cristo, en su venida."*

1 Corintios 15:22, 23

De acuerdo a la Biblia, ¿qué voz oirán los muertos antes de ser resucitados?

"No os asombréis de esto; porque va a llegar la hora en que todos los que están en los sepulcros oirán su voz; y los que hicieron lo bueno, saldrán a resurrección de vida; mas los que hicieron lo malo, a resurrección de condenación."   Juan 5:28, 29

De acuerdo al apóstol Pablo, ¿cuándo serán resucitados los santos y llevados al cielo?

"Porque el Señor mismo con voz de mando, con voz de arcángel, y con trompeta de Dios, *descenderá del cielo; y los muertos en Cristo resucitarán primero. Luego nosotros los que vivamos, los que hayamos quedado, seremos arrebatados juntamente con ellos en las nubes para salir al encuentro del Señor en el aire,* y así estaremos siempre con el Señor."   1 Tesalonicenses 4:16, 17

En la resurrección, ¿cómo cambiarán nuestros cuerpos?

"Mas nuestra ciudadanía está en los cielos, de donde también esperamos al Salvador, al Señor Jesucristo; *el cual transfigurará el cuerpo de nuestro estado de humillación, conformándolo al cuerpo de la gloria suya,* en virtud del poder que tiene también para someter a sí mismo todas las cosas." Filipenses 3:20, 21

Después de Su resurrección Jesús apareció ante Sus discípulos. ¿Tenía, como muchos suponen, un "cuerpo de espíritu?"

"Jesús se puso en medio de ellos, y les dijo: Paz a vosotros. Entonces, espantados y atemorizados, creían ver un espíritu. Pero él les dijo: ¿Por qué estáis turbados, y se suscitan en vuestro corazón estos pensamientos? Mirad mis manos y mis pies, que soy yo mismo; *palpad, y ved; porque un espíritu no tiene carne ni huesos, como veis que yo tengo."*

Lucas 24:36-39

Nota: Aunque el cuerpo resucitado de Jesús era de "carne y huesos," los discípulos todavía no creían en Él. "Y como todavía ellos, de gozo, no lo creían, y estaban asombrados, les dijo: ¿Tenéis aquí algo de comer? Entonces le dieron parte de un pez asado, y un panal de miel. Y él lo tomó, y comió a la vista de ellos." Lucas 24:41-43

Promesas Para Meditar:

"Yo soy el primero y el último; y el que vivo, y estuve muerto; mas he aquí que estoy vivo por los siglos de los siglos, [amén]. *Y tengo las llaves de la muerte y del Hades."* Apocalipsis 1:18

"He aquí, os digo un misterio: No todos dormiremos; pero todos seremos transformados, en un instante, en un abrir y cerrar de ojos, a la final trompeta; porque se *tocará la trompeta, y los muertos serán resucitados incorruptibles, y nosotros seremos transformados.* Porque es menester que esto corruptible sea vestido de incorrupción, y esto mortal sea vestido de inmortalidad. Y cuando esto corruptible se haya vestido de incorrupción, y esto mortal se haya vestido de inmortalidad, entonces se cumplirá la palabra que está escrita: Sorbida es la muerte con victoria. ¿Dónde está, oh muerte, tu victoria? ¿Dónde está, oh sepulcro, tu aguijón?" 1 Corintios 15:51-55

1,000 Años De Paz

*Nota: La frase "mil años" aparece seis veces en el capítulo 20 del Apocalipsis. Este período de "mil años" frecuentemente se le refiere como el **milenio**, del Latín **mille** y **annus**, que quieren decir mil años.*

¿Cuántas resurrecciones dijo Jesús que ocurrirían?

"No os asombréis de ésto; porque va a llegar la hora en que todos los que están en los sepulcros oirán su voz; y los que hicieron lo bueno, saldrán a *resurrección de vida;* mas los que hicieron lo malo, a *resurrección de condenación.*"
Juan 5:28, 29

¿Cuándo tendrá lugar la resurrección de los justos?

"Porque el Señor mismo con voz de mando, con voz de arcángel, y con trompeta de Dios, descenderá del cielo; y los muertos en Cristo resucitarán primero."
1 Tesalonicenses 4:16

Nota: Es a la Segunda Venida de Jesús cuándo la resurrección de los justos tendrá lugar.

¿Cómo le llama el Apocalipsis a esta resurrección de los justos?

"Bienaventurado y santo el que tiene parte en *la primera resurrección;* la segunda muerte no tiene potestad sobre éstos, sino que serán sacerdotes de Dios y de Cristo, y reinarán con él por mil años."

Apocalipsis 20:6

¿Qué les ocurre a los "justos vivientes" cuando viene Jesús?

"Luego nosotros los que vivamos, los que hayamos quedado, seremos arrebatados juntamente con ellos en las nubes para salir al encuentro del Señor en el aire, y así estaremos siempre con el Señor."   1 Tesalonicenses 4:17

¿Qué les ocurre a los "impíos vivientes" cuando viene Jesús?

Profecía del Viejo Testamento:

"Y habrá víctimas de Jehová en aquel día desde un extremo de la tierra hasta el otro; no se endecharán ni se recogerán ni serán enterrados; *como estiércol quedarán sobre la faz de la tierra."*
Jeremías 25:33

Profecía del Nuevo Testamento:

"Y entonces será revelado aquel inicuo, a quien el Señor matará con el espíritu de su boca, *y lo reducirá a la impotencia con la manifestación de su venida."*   2 Tesalonicenses 2:8

¿Cómo sabemos que los "impíos muertos" (los que no fueron salvos de todos los siglos pasados) no serán perturbados o resucitados en la segunda venida de Jesús?

"Pero los otros muertos no volvieron a vivir hasta que se cumplieron los mil años."
Apocalipsis 20:5

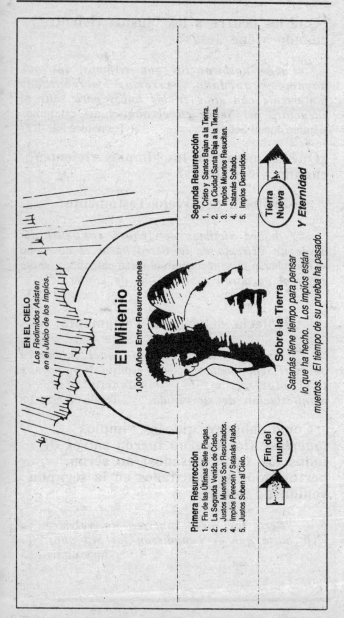

EN EL CIELO
*Los Redimidos Asisten
en el Juicio de los Impíos.*

El Milenio

1,000 Años Entre Resurrecciones

Primera Resurrección
1. Fin de las Últimas Siete Plagas.
2. La Segunda Venida de Cristo.
3. Justos Muertos Son Resucitados.
4. Impíos Perecen / Satanás Atado.
5. Justos Suben al Cielo.

Segunda Resurrección
1. Cristo y Santos Bajan a la Tierra.
2. La Ciudad Santa Baja a la Tierra.
3. Impíos Muertos Resucitan.
4. Satanás Soltado.
5. Impíos Destruidos.

Fin del mundo

Sobre la Tierra
*Satanás tiene tiempo para pensar
lo que ha hecho. Los impíos están
muertos. El tiempo de su prueba ha pasado.*

Tierra Nueva

Y Eternidad

El Milenio Bíblico

Nosotros vivimos en los últimos días de la historia. El fin de la vida, como el hombre la conoce, ya casi ha terminado. Pronto Jesús regresará. Sólo tenemos un período de prueba — y este tiene lugar durante nuestra vida actual. *¡El Milenio no será mil años de paz y gloria aquí en la tierra!* Y no será una edad de adelantos tecnológicos ni de "segundas oportunidades" para los impíos. *¡Toda la humanidad no se convertirá antes, ni durante, ni después del milenio!* Y tampoco Cristo y Sus redimidos estarán en la tierra durante esos mil años.

Aquí está la verdad sobre el Milenio y los eventos que señalan su comienzo y su fin:

1. **Jesucristo va a regresar por Su pueblo:** Él nos ha prometido que lo hará (Juan 14:1-3), así que sabemos que Él cumplirá Su palabra.

2. **Hay cuatro señales que identifican Su Segunda Venida** que no pueden ser falsificadas por falsos Cristos: **(1)** Él vendrá de un modo en que todos aquellos que estén vivos en ese tiempo lo podrán ver (Apocalipsis 1:7; Hechos 1:9; Mateo 24:30, 23-27). **(2)** Él vendrá de un modo en que todos lo podrán oir (Mateo 24:31; 1 Tesalonicenses 4:16). **(3)** Él vendrá en una gloria majestuosa — Su propia gloria, la gloria de Su Padre, y la gloria de millones de ángeles que vendrán con Él (Lucas 9:26; Mateo 28:2-4; Mateo 25:31; Apocalipsis 6:14-17). **(4)** Él vendrá inesperadamente (Mateo 24:44; 24:36).

3. **Su segunda venida indicará el comienzo del Milenio. Seis eventos tomarán lugar: (1)** Él resucitará a los justos (1 Tesalonicenses 4:16). **(2)** Él cogerá a los justos que aún viven, junto con los justos que han resucitado — para que ambos se encuentren con Él en las nubes (1 Tesalonicenses 4:17). **(3)** Él cambiará sus cuerpos humanos por un cuerpo glorioso como el Suyo (Filipenses 3:20, 21) y los transformará (1 Corintios 15:51-55; Isaías 25:9). **(4)** Habiendo recogido a todos los justos (1 Tesalonicenses 4:17, 18; Mateo 25:34-40; 24:30, 31), Él llevará a Sus redimidos al cielo (Juan 14:1-3; 17:24; 1 Tesalonicenses 4:16-18). **(5)** Él destruirá al los impíos vivientes con el resplandor de Su venida (Lucas 17:26-30; 2 Tesalonicenses 2:8). **(6)** Él atará a Satanás a este mundo por mil años (Apocalipsis 20:2, 3).

4. **Durante el Milenio, la tierra estará desolada** (Apocalipsis 20:3; Jeremías 4:23-26; Isaías 24:1, 3). Los impíos están muertos (2 Tesalonicenses 2:8). No quedará hombre alguno (Isaías 24:20-22; Jeremías 4:25, 26; 25:31-33). Satanás es atado a una tierra desolada (Apocalipsis 20:1-3). Los justos están en el cielo (Apocalipsis 20:4, 6; Daniel 7:22) ocupados en la obra del juicio (Apocalipsis 20:4; 1 Corintios 6:1-3; Hechos 24:25; Judas 6).

5. **Al fin del Milenio, la Ciudad Santa desciende del cielo** (Apocalipsis 20:9; 21:1-5; Zacarías 14:4, 9); los impíos son resucitados en la "segunda resurrección (Apocalipsis 20:5, primera parte). Satanás es puesto en libertad para engañarlos de nuevo (Apocalipsis 20:7, 8). Satanás y los impíos rodean la Ciudad Santa para tomarla (Apocalipsis 20:8, 9). Todos los impíos son destruidos (Apocalipsis 20:9), y esta tierra será hecha de nuevo (Apocalipsis 21:1-5; 2 Pedro 3:10-14).

Nota: Los 1,000 años de paz comienzan inmediatamente después de la Segunda Venida de Jesús. Estos 1,000 años están atados por dos resurrecciones: 1) la resurrección de los justos que ocurre al comienzo de los 1,000 años cuando Jesús regrese de nuevo, y 2) la resurrección de los impíos que ocurre al final de los 1,000 años. Examine el diagrama que acompaña este estudio. Le simplificará entender estos eventos bíblicos.

¿Qué harán los justos (*los redimidos* de todos los siglos) en el cielo durante los 1,000 años?

"*Y vi tronos, y se sentaron sobre ellos los que recibieron facultad de juzgar;* y vi las almas de los decapitados por causa del testimonio de Jesús y por la palabra de Dios, y a los que no habían adorado a la bestia ni a su imagen, y que no habían recibido la marca en sus frentes ni en sus manos; *y volvieron a la vida y reinaron con Cristo mil años . . . .* Bienaventurado y santo el que tiene parte en la primera resurrección; la segunda muerte no tiene potestad sobre éstos, sino que *serán sacerdotes de Dios y de Cristo, y reinarán con él por mil años.*"   Apocalipsis 20:4, 6

"¿O no sabéis que *los santos han de juzgar al mundo?*"   1 Corintios 6:2

¿En qué estado se encontrará la tierra durante estos 1,000 años?

Profecía del Viejo Testamento:

"Miré a la tierra, y he aquí que estaba asolada y vacía; y a los cielos, y no había en ellos luz. Miré a los montes, y he aquí que temblaban, y todos los collados se cimbreaban. *Miré, y no había hombre,* y todas las aves del cielo se habían ido. *Miré, y he aquí el campo fértil era un desierto, y todas sus ciudades eran asoladas ante la presencia de Jehová, delante del ardor de su ira. Porque así dice Jehová: Toda la tierra será asolada; pero no la destruiré del todo."* Jeremías 4:23-27

Profecía del Nuevo Testamento:

"El séptimo ángel derramó su copa por el aire; y salió una gran voz del santuario del cielo, del trono, diciendo: Hecho está. Entonces hubo relámpagos, fragor de truenos y *un gran temblor de tierra, un terremoto tan grande cual no lo hubo jamás . . . . y las ciudades de las naciones cayeron . . . . Y toda isla huyó, y los montes no fueron hallados."*
Apocalipsis 16:17-20

¿Qué le ocurre a Satanás durante los 1,000 años?

"Vi a un ángel que descendía del cielo, teniendo la llave del abismo, y una gran cadena en la mano. *Y prendió al dragón, la serpiente antigua, que es el diablo y Satanás, y lo ató por mil años; y lo arrojó al abismo, y lo encerró, y puso su sello sobre él, para que no engañase más a las naciones, hasta que fuesen cumplidos los mil años; y después de esto debe ser desatado por un poco de tiempo."*
Apocalipsis 20:1-3

Nota: "Durante mil años, Satanás andará errante de un lado para otro en la tierra desolada, considerando los resultados de su rebelión contra la Ley de Dios. Todo este tiempo, padece intensamente. Desde su caída, su vida de actividad continua sofocó en él la reflexión; pero ahora, despojado de su poder, no puede menos que contemplar el papel que desempeñó desde que se rebeló por primera vez *contra el gobierno del cielo, mientras que, tembloroso y aterrorizado, espera el terrible porvenir en que habrá de expiar todo el mal que ha hecho y ser castigado por los pecados que ha hecho cometer."*   El Conflicto de los Siglos, página 718.

¿Cuándo tendrá lugar esta segunda resurrección (para los impíos)?

"Pero los otros muertos no volvieron a vivir hasta que se cumplieron los mil años."

Apocalipsis 20:5

¿Cuándo será soltado Satanás de su prisión?

"Y cuando los mil años se cumplan, Satanás será soltado de su prisión."

Apocalipsis 20:7

Cuándo es soltado Satanás, ¿qué acto revelará que no ha cambiado y que sigue siendo rebelde contra Dios?

"Y cuando los mil años se cumplan, *Satanás será soltado de su prisión, y saldrá a engañar a las naciones* que están en los cuatro extremos de la tierra, a Gog y a Magog, *a fin de reunirlos para la batalla;* el número de los cuales es como la arena del mar."

Apocalipsis 20:7-9

¿Qué le pasará a Satanás y a todos sus discípulos impíos, que han sido resucitados, cuándo ellos intenten poseer la Ciudad de Dios?

"Y subieron sobre la anchura de la tierra, y rodearon el campamento de los santos y la

ciudad amada; y de parte de Dios descendió fuego del cielo, y los consumió . . . . Y la muerte y el Hades fueron lanzados al lago de fuego. *Ésta es la muerte segunda. Y el que no se halló inscrito en el libro de la vida fue lanzado al lago de fuego."* Apocalipsis 20:9, 14, 15

Cuando el fuego de Dios haya terminado su obra de purificación, ¿qué ha prometido Dios hacer por los redimidos?

"Pero esperamos, según su promesa, cielos nuevos y tierra nueva, en los cuales habita la justicia." 2 Pedro 3:13

¿Quién vivirá en la tierra nueva?

"Bienaventurados los apacibles, porque ellos recibirán la tierra por heredad." Mateo 5:5

Promesa Para Meditar:

"Y oí una gran voz procedente del cielo que decía: He aquí el tabernáculo de Dios con los hombres, y él morará con ellos; y ellos serán su pueblo, *y Dios mismo estará con ellos [como su Dios]. Enjugará Dios toda lágrima de los ojos de ellos; y ya no habrá muerte, ni habrá más llanto, ni clamor, ni dolor; porque las primeras cosas pasaron.* Y el que estaba sentado en el trono dijo: He aquí, yo hago nuevas todas las cosas. Y me dijo: *Escribe; porque estas palabras son fieles y verdaderas."*

Apocalipsis 21:3-5

¿Qué Es Y Donde Está El Infierno?

¿Cuándo habrá una "siega" y separación entre los justos e impíos?

"El enemigo que la sembró es el diablo; *la siega es el fin del mundo;* y los segadores son los ángeles. Así, pues, como se recoge la cizaña, y se quema en el fuego, así será en el fin del mundo."   Mateo 13:39, 40

¿Cómo podemos estar seguros que ninguna persona, justa o impía, ha recibido recompensa   o castigo antes de la segunda venida de Jesucristo?

"Porque el Hijo del Hombre ha de venir en la gloria de su Padre con sus ángeles, *y entonces pagará a cada uno conforme a su conducta.*"   Mateo 16:27

Nota: Las declaraciones bíblicas sobre el juicio y el castigo de los inicuos y la recompensa eterna de los justos son claras y numerosas. ¡Ellas muestran claramente que los inicuos no están actualmente "quemandose en el infierno" ni tampoco que los justos han recibido su recompensa! Fíjese en las siguientes declaraciones bíblicas:

"Sabe el Señor librar de tentación a los piadosos, *y reservar a los injustos bajo castigo para el día del juicio."*   2 Pedro 2:9

"Mira que yo vengo pronto, *y mi galardón conmigo, para recompensar a cada uno* según sea su obra."   Apocalipsis 22:12

¿Encontrará Dios placer en la muerte de los impíos?

"Diles: *Vivo yo, dice el Señor Jehová, que no me complazco en la muerte del malvado, sino en que se vuelva el malvado de su camino, y viva.* Volveos, volveos de vuestros malos caminos; ¿por qué queréis morir . . ."   Ezequiel 33:11

¿Es el plan de Dios que algún hombre o mujer perezca?

"El Señor no retarda su promesa, según algunos la tienen por tardanza, sino que es paciente para con nosotros, *no queriendo que nadie perezca, sino que todos vengan al arrepentimiento."*
                    2 Pedro 3:9

¿Para quién preparará Dios el fuego final del juicio?

Profecía del Nuevo Testamento:

"Entonces dirá también a los de la izquierda: Apartaos de mí, malditos, al fuego eterno *preparado para el diablo y sus ángeles."*   Mateo 25:41

Profecía del Viejo Testamento:

"Con la multitud de tus maldades y con la iniquidad de tus contratos profanaste tus santuarios; *yo, pues, saqué un fuego de en medio de ti, el cual te consumió, y te he convertido en ceniza sobre la tierra a los ojos de todos los que te miran.*"

Ezequiel 28:18

¿Será totalmente completa la destrucción de Satanás y las personas inicuas que han rehusado la salvación?

De Satanás:

"Todos los que te conocieron de entre los pueblos se asombrarán de ti; serás objeto de terror, y *para siempre dejarás de ser.*"   Ezequiel 28:19

De Los Impíos:

"*Porque he aquí que está para llegar aquel día, ardiente como un horno; y todos los soberbios y todos los que hacen maldad serán como el rastrojo; aquel día que está para llegar los abrasará,* dice Jehová de los ejércitos, y no les dejará ni raíz ni rama."   Malaquías 4:1

Nota: Vea que explicación más clara tiene la Biblia sobre la destrucción de los impíos:

a. "Jehová guarda a todos los que le aman, *mas exterminará a todos los impíos.*"

Salmo 145:20

b. "Mas los impíos perecerán . . . *serán consumidos; se disiparán como el humo.*"

Salmo 37:20

c. "Jehová los deshará en su ira, *y fuego los consumirá.*"   Salmo 21:9

d. *"Serán como si no hubieran sido."*
                                                                     Abdías 16

Después que la destrucción de los impíos haya terminado, ¿quedará algún fuego?

"He aquí que serán como tamo; el fuego los quemará ; no salvarán sus vidas del poder de la llama; *no quedará brasa para calentarse, ni lumbre a la cual se sienten.*"   Isaías 47:14

¿Cómo le llama la Biblia a la muerte que es el último castigo de los impíos?

"Pero los cobardes e incrédulos, los abominables y homicidas, los fornicarios y hechiceros, los idólatras y todos los mentirosos tendrán su parte en el lago que arde con fuego y azufre, *que es la muerte segunda.*"
                                                                Apocalipsis 21:8

¿Cómo indicó Jesús claramente que la sentencia de la "segunda muerte" destruiría tanto el cuerpo como el alma?

"Y no temáis a los que matan el cuerpo, mas no pueden matar el alma; *temed más bien a aquel que puede destruir alma y cuerpo en el infierno.*"
                                                                   Mateo 10:28

Nota: La expresión "infierno" es traducida de la lengua original que quiere decir "tumba". Mientras que algunos creen que el alma no puede morir ni ser destruída, la Biblia declara sencillamente que "el alma que peque, ésa morirá." Ezequiel 18:4.

¿Qué clase de fuego utilizará Dios para purificar la tierra del pecado?

"Como Sodoma y Gomorra y las ciudades vecinas, las cuales de la misma manera que aquéllos, habiendo fornicado e ido en pos de vicios contra naturaleza, *fueron puestas como ejemplo, sufriendo el castigo del fuego eterno.*"
                                                              Judas 7

Nota: ¡Éste fuego "eterno" no está ardiendo hoy! Lo que es eterno es el efecto del fuego, y no el propio fuego.

¿Hay algún otro ejemplo del fuego "eterno" o "inextinguible" en la Biblia?

"Pero si no me escucháis en cuanto a santificar el día de sábado, y para no traer carga ni meterla por las puertas de Jerusalén en día de sábado, *yo prenderé fuego a sus puertas, y consumirá los palacios de Jerusalén, y no se apagará.*"   Jeremías 17:27

Nota: La antigua Jerusalén fue consumida por un fuego que no se pudo extinguir (Jeremías 52:12, 13). Se quemó la ciudad totalmente, pero, ¡no sigue ardiendo hoy en día!

¿No se contradice la Biblia? ¿No nos habla la Biblia del fuego del Juicio que arde por los siglos de los siglos?

"Y el diablo que los engañaba fue lanzado al lago de fuego y azufre, donde estaban la bestia y el falso profeta; *y serán atormentados día y noche por los siglos de los siglos.*"   Apocalipsis 20:10

Nota: A primera vista, parece que la Biblia se contradice. Pero las Escrituras se tienen que comparar con las Escrituras. Por ejemplo, el versículo anterior en Apocalipsis 20:9 declara:

"Y subieron sobre la anchura de la tierra, y rodearon el campamento de los santos y la ciudad amada; *y de parte de Dios descendió fuego del cielo, y los consumió.*"   Apocalipsis 20:9

Nota: "¡Fuego de parte de Dios los consumió!" Dios no quema a los seres humanos por millones de años porque hayan vivido en pecado por 60, 70 o por 80 años aquí en la tierra. Esto no concuerda con el amor de Dios, ni con Su carácter, ni con los pasajes de las Escrituras sobre este tema. ¡Los resultados del fuego son eternos, no el fuego en sí!

¿Hay algunos otros ejemplos de la frase "para siempre" en las Escrituras que nos ayuden a clarificar este tema?

a. "Su amo le horadará la oreja con lezna, y será su siervo para siempre."   Éxodo 21:6

Nota: "para siempre" tiene que significar necesariamente hasta que la persona muera.

b. "Pero Ana no subió, sino que dijo a su marido: Yo no subiré hasta que el niño sea destetado, *para que lo lleve y sea presentado delante de Jehová, y se quede allí para siempre. . . .* Por este niño oraba, y Jehová me dio lo que le pedí. Yo, pues, lo dedico también a Jehová; *todos los días que viva, será de Jehová.*"

1 Samuel 1:22, 27, 28

Promesa De Dios Para Los Justos:

"*Enjugará Dios toda lágrima de los ojos de ellos;* y ya no habrá muerte, ni habrá más llanto, ni clamor, ni dolor; *porque las primeras cosas pasaron.*"   Apocalipsis 21:4

La Biblia Y La Buena Salud

¿Cuál es el deseo de Dios para todos nosotros?

"Amado, *ruego en oración que seas prosperado en todas las cosas, y que tengas salud, así como prospera tu alma.*"   3 Juan 2

¿Qué ha prometido Dios hacer por Su pueblo si le obedece?

"Mas a Jehová vuestro Dios serviréis, y él bendecirá tu pan y tus aguas; *y yo quitaré toda enfermedad de en medio de ti.*"   Éxodo 23:25

Como Creador nuestro, ¿qué reclama Dios como Suyo?

"¿O *no sabéis que vuestro cuerpo es santuario del Espíritu Santo*, el cual está en vosotros, el cual tenéis de Dios, *y que no sois vuestros?* Porque habéis sido comprados por precio; glorificad, pues, a Dios en vuestro cuerpo y en vuestro espíritu, los cuales son de Dios."   1 Corintios 6:19, 20

¿Qué amonestación nos ha dado Dios con relación al cuidado del cuerpo?

"¿No sabéis que sois santuario de Dios, y que el Espíritu de Dios mora en vosotros? *Si alguno destruye el santuario de Dios, Dios le destruirá a él; porque el santuario de Dios, el cual sois vosotros, es sagrado."*   1 Corintios 3:16, 17

Nota: El Cristiano debe de evitar cualquier clase de substancias dañinas. El tabaco contiene nicotina, un veneno mortal. Recientes descubrimientos científicos, han establecido el hecho que el uso del tabaco acorta la vida hasta un tercio. Esto viola el sexto mandamiento de Dios, "No matarás." Éxodo 20:13. Casi todas las personas saben de los efectos dañinos del tabaco, pero, ¿y de las bebidas debilitantes? "Experimentos enseñan claramente que los efectos farmacológicos del café son a causa del contenido de cafeína . . . . Es razonable clasificar el tomar café y el hábito de ingerir bebidas con cafeína en la misma categoría de drogas - narcóticos, alcohol, sedantes, y nicotina . . . . Las bebidas populares con "cola" adquieren su atractivo por la cafeína que contienen; ¿no debemos de clasificar la adicción a las "colas" con la adicción a las drogas? También hay adictos al té." New England Medical Journal, 13 de Mayo, 1954.

¿Cuál es el servicio razonable que le debemos rendir a Dios?

"Así que, hermanos, os exhorto por las misericordias de Dios, a que *presentéis vuestros cuerpos como sacrificio vivo, santo, agradable a Dios, que es vuestro servicio de adoración espiritual."*
Romanos 12:1

Nota: Dios desea que seamos saludables. En la Biblia encontramos Sus especificaciones para la salud y la felicidad. Dios no nos forzará a seguir Su manual, pero el no seguirlo resultará en mala salud. Su promesa es: "Si oyes atentamente la voz de Jehová tu Dios, y haces lo recto delante de sus ojos, y das oído a sus mandamientos, y guardas todos sus estatutos, ninguna enfermedad de las que envié a los egipcios te enviaré a ti; porque yo soy Jehová tu sanador." Éxodo 15:26.

¿Censura la Biblia el uso de las bebidas alcohólicas?

"El vino es petulante; el licor, alborotador; *y cualquiera que por ellos yerra no es sabio.*"

Proverbios 20:1

"No mires al vino cuando rojea, cuando resplandece su color en la copa. Se entra suavemente; mas *al fin como serpiente morderá, y como áspid dará dolor.*"   Proverbios 23:31, 32

"Ni los ladrones . . . *ni los borrachos . . . heredarán el reino de Dios.*"   1 Corintios 6:10

¿Cuál fue la dieta original de Dios para el hombre?

"He aquí que *os he dado toda planta que da semilla,* que está sobre toda la tierra, *y todo árbol en que hay fruto y que da semilla; os serán para comer.*"   Génesis 1:29

Nota: La dieta original de Dios para el hombre incluía granos, nueces, frutas y vegetales. Las carnes no fueron incluidas hasta después del diluvio (Génesis 9:1-3). ¡Cuando la carne vino a ser parte de la dieta del hombre su vida se redujo muchísimo!

¿Qué distinción o división hizo Dios entre los animales cuando los envió a entrar en el arca de Noé?

"De todo animal limpio tomarás siete parejas, macho y su hembra; mas de *los animales que no son limpios, una pareja,* el macho y su hembra."   Génesis 7:2

Según Dios, ¿cuál es la definición de un animal "limpio"?

"Habló Jehová a Moisés y a Aarón, diciéndoles: Hablad a los hijos de Israel y decidles: Estos son los animales que comeréis de entre todos los animales que hay sobre la tierra. *De entre los animales, todo el que tiene pezuña hendida y que rumia, éste comeréis."*   Levítico 11:1-3

Nota: "Pezuña hendida" significa tener la pezuña partida. "Rumiar" se refiere a los animales herbívoros, que se alimentan de vegetales, y que mastican por segunda vez, volviendo a la boca el alimento que estuvo en una de las cavidades del estómago. Un ejemplo es la vaca, que frecuentemente la vemos echada masticando la comida que comió horas antes.

¿Cuáles son algunos de los animales que Dios nombra como "inmundos" e impropios para comer?

"Pero *no comeréis,* entre los que rumian o entre los que tienen pezuña hendida: *camello, liebre y conejo; porque rumian, mas no tienen pezuña hendida,* serán inmundos; *ni cerdo, porque tiene pezuña hendida, mas no rumia; os será inmundo. De la carne de éstos no comeréis, ni tocaréis sus cuerpos muertos."*

Deuteronomio 14:7, 8

Nota: En otras palabras, los animales del campo tienen que pasar estas dos regulaciones. Evidentemente hay algo perjudicial en estos animales que no pasan estos requisitos o Dios no nos los negaría, pues "No quitará el bien a los que andan en la integridad." Salmo 84:11.

¿Y qué nos dice la Biblia sobre el pescado y los mariscos?

"Esto comeréis de todos los animales que viven en las aguas: todos los que tienen aletas y escamas en las aguas del mar, y en los ríos, estos comeréis. Pero todos los que no tienen aletas ni escamas en el mar y en los ríos, así de todo lo que se mueve como de toda cosa viviente que está en las aguas, *los tendréis en abominación."*

Levítico 11:9, 10

¿Hay aves "limpias" e "inmundas"?

"Toda ave limpia podréis comer. Y éstas son de las que no podréis comer: el águila, el quebrantahuesos, el azor, el gallinazo, el milano según su especie, todo cuervo según su especie, el avestruz, la lechuza, la gaviota y el gavilán según sus especies, el búho, el ibis, el calamón, el pelícano, el buitre, el somormujo, la cigüeña, la garza según su especie, la abubilla y el murciélago."

Deuteronomio 14:11-18

Muchos años después que el apóstol Pedro se convirtió al Cristianismo, recibió una visión de Dios. En ésta visión vio un gran lienzo descender del cielo lleno de animales inmundos y oyó una voz que le decía, "Levántate, Pedro, mata y come." ¿Qué nos reveló Pedro de su dieta?

"No he comido jamás ninguna cosa común o inmunda."   Hechos 10:14

Nota: Pedro NO cambió su dieta cuando se convirtió al Cristianismo. Observó las mismas leyes sobre la dieta encontradas en el Viejo Testamento.

¿Qué era lo que Pedro no entendía después de recibir esta extraña visión?

"Pedro estaba perplejo dentro de sí pensando qué podría significar la visión que había visto."   Hechos 10:17

Dos días mas tarde, ¿qué entendió Pedro finalmente que quería decir la extraña visión?

"Pero a mí me ha mostrado Dios *que a ningún hombre llame común o inmundo.*"   Hechos 10:28

Nota: A los ojos de un Judío, el Gentil era una persona inmunda, y a los Judíos se les enseñaban a no asociarse con los Gentiles. Ésta visión fue el método que Dios uso para convencer a Pedro que ya era hora de llevarle el evangelio a los Gentiles. Algunos Cristianos usan el capítulo 10 de Hechos, especialmente el versículo 15, "Lo que Dios ha purificado, no lo llames tú común," como licencia para comer animales inmundos. No obstante, un estudio cuidadoso de la visión revela que Dios le dijo a Pedro que no tratara a ningún ser humano como inmundo o común. ¡El estomago humano es el mismo, sea Judío o Gentil! Las leyes dietéticas de Dios nunca han cambiado.

Resumen de los Principios Bíblicos Para la Buena Salud

1. *Come a intervalos regulares y evita comer entre comidas.* "Comen a su hora."
       Eclesiastés 10:17

2. *Come para vivir y no vivas para comer.* "Y pon cuchillo a tu garganta, si eres dado a la gula."
Proverbios 23:2

3. *Descansa de acuerdo con el plan de Dios.* "Seis días trabajarás, y harás toda tu obra; mas el séptimo es sábado para Jehová tu Dios; no hagas en él obra alguna."
Éxodo 20 9, 10

"Venid vosotros mismos aparte . . . y descansad un poco."
Marcos 6:31

"Por demás es que os levantéis de madrugada, y que retraséis el descanso, y que comáis pan de fatigas; pues que a sus amados lo da Dios mientras duermen."
Salmo 127:2

4. *Manten tu cuerpo limpio.* "Limpiémonos de toda contaminación de carne."
2 Corintios 7:1

5. *Ten control sobre tí mismo.* "Todo aquel que lucha, en todo ejercita el dominio propio."
1 Corintios 9:25

"Vuestra mesura sea conocida de todos los hombres."
Filipenses 4:5

6. *Manten una sonrisa en tu rostro.* "El corazón alegre constituye un buen remedio." Proverbios 17:22

7. *No uses grasa de animal ni sangre de animal en ninguna forma.* "Estatuto perpetuo será por vuestras edades, dondequiera que habitéis, que ninguna gordura ni ninguna sangre comeréis."
Levítico 3:17

8. *Ayuda a los que están necesitados.* "Desatar
   las cadenas de maldad . . . rompáis todo yugo . . .
   que partas tu pan al hambriento . . . a los pobres
   errantes albergues en tu casa . . . cuando veas al
   desnudo, lo cubras . . . . Entonces . . . tu curación se
   echará de ver rápidamente."   Isaías 58:6-8

9. *Confía en Dios y obedecele.* "Hijo mío, está
   atento a mis palabras; inclina tu oído a mis razones
   . . . . porque son vida para los que las hallan, y
   medicina para todo su cuerpo."   Proverbios 4:20-22

10. *Da la gloria a Dios en todo lo que hagas.*
    "Así pues, ya sea que comáis, que bebáis, o que
    hagáis cualquier otra cosa, hacedlo todo para la gloria
    de Dios."   1 Corintios 10:31

Lo Que Dice La Biblia Acerca Del Dinero

¿Quién es, solamente, el legítimo dueño de este mundo y de todo lo que hay en él?

"De Jehová es la tierra y cuanto hay en ella. El mundo, y los que en él habitan."   Salmo 24:1

¿Qué más reclama Dios?

"Porque *mía es toda bestia del bosque,* y los millares de animales en los collados."   Salmo 50:10

"Mía es la plata, y mío es el oro, dice Jehová de los ejércitos."   Hageo 2:8

¿Quién nos da el poder para obtener riquezas?

"Acuérdate de Jehová tu Dios, porque él te da el poder para hacer las riquezas, a fin de confirmar su pacto que juró a tus padres, como en este día."   Deuteronomio 8:18

¿Qué gran peligro nos amenaza a medida que prosperamos en bienes materiales?

"Cuídate de no olvidarte de Jehová tu Dios . . . . no suceda que comas y te sacies, y edifiques buenas casas en que habites, y tus vacas y tus ovejas se aumenten, y la plata y el oro se te multipliquen . . . . y se enorgullezca tu corazón, y te olvides de Jehová tu Dios .... No digas, pues, en tu corazón: Mi poder y la fuerza de mi mano me han traído esta riqueza."

Deuteronomio 8:11-17

"Porque raíz de todos los males es el *amor* al dinero."

1 Timoteo 6:10

A medida que Dios nos prospera, ¿qué pregunta importante debe de estar presente en nuestros pensamientos?

"Qué pagaré a Jehová por todos sus beneficios para conmigo?"

Salmo 116:12

Dios hace al hombre administrador o gerente de Sus bienes en la tierra. ¿Qué parte de estas posesiones reclama Dios como sagradas para Él?

"Y el diezmo de la tierra, así de la simiente de la tierra como del fruto de los árboles, *de Jehová es; es cosa dedicada a Jehová."*

Levítico 27:30

Nota: Aquí vemos un punto interesante. Dios reclama como Suyo un séptimo de nuestro tiempo y una décima parte de nuestras posesiones. Diezmo quiere decir la décima parte. Dios no necesita nada de nuestras riquezas. Él es el que es dueño de todo. No obstante, Él comparte Sus riquezas con nosotros para que nosotros podamos darle a Él, y así mantiene abiertas las fuentes del desinterés, estimación y agradecimiento hacia Él. Si nosotros nos quedaríamos con todo, la codicia tomaría control de nuestras vidas con todas sus trágicas consecuencias.

El sistema de "pagar el diezmo" ha sido observado por el pueblo de Dios desde los tiempos antiguos.

Las Escrituras nos dicen acerca de Abraham:
"Y le dio Abram los diezmos de todo."

Génesis 14:20

Y Jacob prometió a Dios:
"Y de todo lo que me dieres, el diezmo apartaré para ti."

Génesis 28:22

¿Cómo usa Dios el diezmo?

"Y he aquí yo he dado a los hijos de Leví todos los diezmos en Israel por heredad, *por su ministerio, por cuanto ellos sirven en el ministerio del tabernáculo de reunión."*

Números 18:21

Nota: Los Levitas eran los sacerdotes o ministros en esos días.

¿Es también el pagar diezmo un principio válido en el Nuevo Testamento?

"¿No sabéis que los que trabajan en las cosas sagradas, comen del templo, y que los que sirven al altar, participan del altar? *Así también ordenó el Señor a los que anuncian el evangelio, que vivan del evangelio."*

1 Corintios 9:13, 14

¿Qué bendición en especial ha prometido Dios para aquellos que pagan su diezmo fielmente?

"Traed todos los diezmos al alfolí para que haya alimento en mi casa; *y probadme ahora en esto, dice Jehová de los ejércitos, si no os abriré las ventanas de los cielos, y derramaré sobre vosotros bendición hasta que sobreabunde. Reprenderé también por vosotros al devorador,* y no os destruirá el fruto de la tierra, ni vuestra vid en el campo será estéril, *dice Jehová de los ejércitos."* Malaquías 3:10, 11

¿Qué amonestación es dada referente a esos que guardan el diezmo para su propio uso?

"¿Robará el hombre a Dios? Pues vosotros me robáis. Y decís: ¿En qué te robamos? *En vuestros diezmos y ofrendas. Malditos sois con maldición, porque vosotros,* la nación toda, *me estáis robando."* Malaquías 3:8, 9

Nota: Una décima parte de toda nuestra ganancia pertenece a Dios. Es Su diezmo sagrado, para ser usado en la obra de Su ministerio y para extender el evangelio de Cristo. Aquellos que fielmente devuelven su diezmo a Dios no están dandole ofrendas. Lo que le damos por encima del diezmo es una ofrenda, o regalo para Dios.

Medita en lo siguiente:

Algunos dicen: "No puedo proporcionarle a Dios diezmos y ofrendas; yo casi no puedo pagar mis deudas." ¡Pero hay promesas específicas en la Biblia

**que están hechas para aquellos que
confían en Dios y lo ponen a Él primero!**

a. *"Y por qué os afanáis por el vestido?*
Considerad los lirios del campo, cómo crecen; no se
fatigan ni hilan; pero os digo, que ni aun Salomón,
en medio de todo su esplendor, se vistió como uno
solo de ellos. Pues si a la hierba del campo, que hoy
es y mañana se echa en el horno, Dios la viste así,
¿no lo hará mucho más a vosotros, hombres de poca
fe? *No os afanéis, pues, diciendo: ¿Qué
comeremos, o qué beberemos, o con qué
nos vestiremos? Porque todas estas cosas
las · buscan con afán los gentiles; pues
vuestro Padre celestial sabe que tenéis
necesidad de todas estas cosas. Mas buscad
primeramente el reino de Dios y su
justicia, y todas estas cosas os serán
añadidas."*   Mateo 6:28-33

b. *"Honra a Jehová con tus bienes, y con las
primicias de todos tus frutos; y serán
llenos tus graneros con abundancia,* y tus
lagares rebosarán de mosto."   Proverbios 3:9, 10

c. *Dad, y se os dará;* una medida buena, apretada,
remecida y rebosante os pondrán en el regazo.
*Porque con la misma medida con que
medís, os volverán a medir."*   Lucas 6:38

d. *"*Joven fui, y ya he envejecido, *y no he visto al
justo desamparado, ni a su descendencia
mendigando el pan."*   Salmo 37:25

Éxito En El Camino Cristiano

Aliméntate Con La Palabra De Dios

De acuerdo con Jesús y Pedro, ¿qué alimento espiritual debe de "comer" el creyente si es que desea mantener su experiencia Cristiana con éxito?

"Él respondió y dijo: Escrito está: *No sólo de pan vivirá el hombre, sino de toda palabra que sale de la boca de Dios."* Mateo 4:4

"*Desead,* como niños recién nacidos, *la leche espiritual no adulterada, para que por ella crezcáis para salvación."* 1 Pedro 2:2

¿Por qué y cómo debemos de estudiar las Escrituras?

"*Procura con diligencia presentarte a Dios aprobado,* como obrero que no tiene de qué avergonzarse, *que traza rectamente la palabra de verdad."* 2 Timoteo 2:15

Pide A Dios Que Dirija Tu Vida

¿Qué seguridad les pertenece a los que oran?

"Y esta es la confianza que tenemos ante él, que *si pedimos alguna cosa conforme a su voluntad, él nos oye.* Y si sabemos que él nos oye *e n cualquier cosa que pidamos, sabemos que tenemos las peticiones que le hayamos hecho."*

1 Juan 5:14, 15

¿Qué vida ejemplar de oración está registrada acerca del rey David, el profeta Daniel y de Jesús?

David:

"Tarde y mañana y a mediodía oraré y clamaré, y él oirá mi voz." Salmo 55:17

Daniel:

"Cuando supo Daniel que el edicto había sido firmado, entró en su casa, y abiertas las ventanas de su cámara que daban hacia Jerusalén, *se arrodillaba tres veces al día, y oraba y daba gracias delante de su Dios,* como lo solía hacer antes." Daniel 6:10

Jesús:

"De madrugada, cuando estaba aún muy oscuro, *se levantó, salió y se fue a un lugar solitario, y allí se puso a orar."* Marcos 1:35

"Aconteció en aquellos días que *él salió al monte a orar, y pasó la noche entera en oración a Dios."* Lucas 6:12

¿Qué condiciones son necesarias para que nuestro Padre Celestial conteste nuestras oraciones?

1.   **Perseverancia.** "Orando … con toda perseverancia."
                                          Efesios 6:18

2.   **Fe.** "Pero pida con fe."   Santiago 1:6

3.   **Necesitamos perdonar a otros.** "Anda, reconcíliate primero con tu hermano, y entonces ven y presenta tu ofrenda."   Mateo 5:24

4.   **No debemos de tener ningún pecado sin confesar.** "Si en mi corazón hubiese acariciado yo la iniquidad, el Señor no me habría escuchado."
                                          Salmo 66:18

5.   **Debemos de observar la ley de Dios.** "El que aparta su oído para no oír la ley, su oración también es abominable."   Proverbios 28:9

6.   **Debemos de orar de acuerdo a la voluntad de Dios.** "Si pedimos alguna cosa conforme a su voluntad, él nos oye."   1 Juan 5:14

Respeta La Propiedad De Dios

Especialmente Su Tiempo

"*Acuérdate del día del sábado para santificarlo.* Seis días trabajarás, y harás toda tu obra; mas *el séptimo es sábado para Jehová tu Dios;* no hagas en él obra alguna, tú, ni tu hijo, ni tu hija, ni tu siervo, ni tu criada, ni tu bestia, ni tu extranjero que está dentro de tus puertas. Porque en seis días hizo Jehová los cielos y la tierra, el mar, y todas las cosas que en ellos hay, y reposó en el séptimo día; *por tanto, Jehová bendijo el día del sábado y lo santificó.*"
                                          Éxodo 20:8-11

Especialmente Su Diezmo

"¿Robará el hombre a Dios? Pues vosotros me robáis. Y decís: "¿En qué te robamos? En vuestros diezmos y ofrendas . . . . Traed todos los diezmos al alfolí para que haya alimento en mi casa; y probadme ahora en esto, dice Jehová de los ejércitos, si no os abriré las ventanas de los cielos, y derramaré sobre vosotros bendición hasta que sobreabunde."

Malaquías 3:8, 10

Piensa En Otros Primero

Jesús dijo: "Así que todo cuanto queráis que los hombres os hagan a vosotros, así también hacedlo vosotros a ellos; porque esto es la ley y los profetas."   Mateo 7:12

El Apóstol Pablo dijo: "Nada hagáis por rivalidad o por vanagloria; antes bien en humildad, estimando cada uno a los demás como superiores a sí mismo; no poniendo la mira cada uno en lo suyo propio, sino cada cual también en lo de los otros."   Filipenses 2:3, 4

Se Limpio En Todo Lo Que Hagas

En Pensamiento

"Por lo demás, hermanos, todo lo que es verdadero, todo lo respetable, todo lo justo, todo lo puro, todo lo amable, todo lo que es de buena reputación; si hay virtud alguna, si algo digno de alabanza, en esto pensad."   Filipenses 4:8

En Conversación

"Puesto que todas estas cosas han de ser deshechas, *¡qué clase de personas debéis ser en vuestra conducta santa y en piedad."*   2 Pedro 3:11

En Comportamiento (tu conducta)

"El que dice que permanece en él, debe andar como él anduvo . . . . Y todo aquel que tiene esta esperanza puesta en él, se purifica a sí mismo, así como él es puro."   1 Juan 2:6; 3:3

En Tu Cuerpo

"¿O no sabéis que vuestro cuerpo es santuario del Espíritu Santo, el cual está en vosotros, el cual tenéis de Dios, y que no sois vuestros?" *"Si alguno destruye el santuario de Dios, Dios le destruirá a él;* porque el santuario de Dios, el cual sois vosotros, es sagrado." "Porque habéis sido comprados por precio; *glorificad, pues, a Dios en vuestro cuerpo* y en vuestro espíritu, los cuales son de Dios."   1 Corintios 6:19; 3:17; 6:20

"Porque eres pueblo santo a Jehová tu Dios, y Jehová te ha escogido para que le seas un pueblo único de entre todos los pueblos que están sobre la tierra. *Nada abominable comerás."*   Deuteronomio 14:2, 3

En Tu Vestido Y Atavío

"Entonces Jacob dijo a su familia y a todos los que con él estaban: Quitad los dioses ajenos que hay entre vosotros, y *limpiaos, y mudad vuestros vestidos. . . . Así dieron a Jacob todos los dioses ajenos que había en poder de ellos, y los zarcillos que estaban en sus orejas;* y Jacob los escondió debajo de una encina que estaba junto a Siquem."
                    Génesis 35:2, 4

"Asimismo que las mujeres se atavíen con ropa decorosa, con pudor y modestia; no con peinado ostentoso, ni oro, ni perlas, ni vestidos costosos, sino con buenas obras, como corresponde a mujeres que profesan piedad."

1 Timoteo 2:9, 10

"Vuestro atavío no sea el externo de peinados ostentosos, de adornos de oro o de vestidos lujosos, sino el ser interior de la persona, en el incorruptible ornato de un espíritu manso y apacible, que es de gran valor delante de Dios."

1 Pedro 3:3, 4

Se Prudente En Los Asuntos Financieros

"No debáis a nadie nada, sino el amaros unos a otros; porque el que ama al prójimo, ha cumplido la ley."

Romanos 13:8

Busca El Compañerismo De Los Creyentes

"Y considerémonos unos a otros para estimularnos al amor y a las buenas obras; *no dejando de congregarnos,* como algunos tienen por costumbre, sino exhortándonos; y tanto más, cuanto que veis que aquel día se acerca." Hebreos 10:24, 25

Entrégale Todo A Cristo

"Y decía a todos: *Si alguno quiere venir en pos de mí, niéguese a sí mismo, tome su cruz cada día, y sígame.*"   Lucas 9:23

"*Entonces Pedro tomó la palabra y le dijo: Mira que nosotros lo hemos dejado todo, y te hemos seguido; ¿qué, pues, tendremos? . . . .* Y todo el que haya dejado casas, o hermanos, o hermanas, o padre, o madre, o mujer, o hijos, o tierras, por mi nombre, recibirá cien veces más, y heredará la vida eterna."   Mateo 19:27, 29

Comparte A Cristo Con Otros

"*Por tanto, id, y haced discípulos en todas las naciones, bautizándolos en el nombre del Padre, y del Hijo, y del Espíritu Santo; enseñándoles a guardar todas las cosas que os he mandado;* y he aquí que yo estoy con vosotros todos los días, hasta el fin del mundo."   Mateo 28:19, 20

Guarda Los Mandamientos De Dios

"*Bienaventurados los que guardan sus mandamientos, para que su potencia sea en el árbol de la vida, y que entren por las puertas en la ciudad.*"   Apocalipsis 22:14
(Antigua Versión Reina Valera, Revisión de 1979)

"*La conclusión de todo el discurso oído es ésta: Teme a Dios, y guarda sus mandamientos; porque esto es el todo del hombre.* Porque Dios traerá toda obra a juicio, juntamente con toda cosa secreta, sea buena o sea mala."   Eclesiastés 12:13, 14

América en la Profecía

— Edición Resumida

— ¿Qué ofrece el futuro para los Estados Unidos y el mundo?

La historia está llena de las ruinas de grandes civilizaciones. Muchos creen que América ha llegado, tal vez sobrepasado, el cenit de su grandeza — que está destinada a convertirse en un poder mundial de segunda categoría.

Millones más creen que América está al borde de un colapso económico y de la ruina moral, y que puede llevar al mundo a un Armagedón Nuclear, a la misma vez que trata de aguantar su posición de poder y prestigio.

Aquí se encuentran predicciones fascinantes acerca de los Estados Unidos y unas conclusiones sorprendentes de lo que nos ofrece el futuro.

E.U.A. $ 3.95

(Use la Hoja de Pedido al final del libro.)

IBE, INC. • P.O. Box 352 • Jemison, AL, E.U.A. • 35085